文學叢刊

鄭向恒著

中國文學賞析

陳立夫題

陳立夫

文史哲出版社印行

國家圖書館出版品預行編目資料

中國文學賞析 / 鄭向恆著. -- 再版. -- 臺北
市：文史哲, 民 102.06
頁 ： 公分.（文學叢刊；297）
ISBN 978-986-314-121-1 (平裝)

1.中國文學

820 102011496

文學叢刊 297

中國文學賞析

著 者：鄭 向 恆
出 版 者：文 史 哲 出 版 社
http://www.lapen.com.tw
登記證字號：行政院新聞局版臺業字五三三七號
發 行 人：彭 正 雄
發 行 所：文 史 哲 出 版 社
印 刷 者：文 史 哲 出 版 社
臺北市羅斯福路一段七十二巷四號
郵政劃撥帳號：一六一八〇一七五
電話886-2-23511028 · 傳真886-2-23965656

實價新臺幣三〇〇元

中華民國七十六年（1987）五月金陵文化初版
中華民國一〇二年（2013）六月文 史 哲再版

ISBN 978-986-314-121-1 08297

中國文學賞析

目次

序

民國五十三年，我應張曉峯先生的邀約，由香港返臺，出任中國文化學院的中文系系主任，兼中國文化研究所文學門的主任，那時幫我辦理所系業務的助教就是鄭向恆女士。鄭女士把所系業務辦理得有條有理，一點不用我操心，她的行政能力極強！

其實，她不止行政能力強，她的天資極高，學力也好，她的多才多藝，在現代的青年裏，是難得見到的。她擅長國樂，曾經擔任過師範大學的國樂社社長，使得師大榮獲全國大專國樂比賽的冠軍。她對於絃樂幾乎無一不能，琴、瑟、箏、琵琶、三絃、胡琴……等，無不彈得絲絲入扣，動人心弦。因此，她迭次奉派率領我國的文化友好訪問團，到非洲各國去宣慰僑胞，傳播中華文化，使得非洲人民也都能領略我中華的雅樂，而與我建立了心心相印及親密的文化外交之關係，對於國家的貢獻實在是很大！

她的散文寫得很好，從她的歐遊心影、半個地球，海濶天空……那幾本書裏，可以看出她的筆調清新、才華雋發。她因此聲譽大著，成爲著名的女作家，常常被邀出國，參加國際的作家會議；國內的報紙也請她在副刊上特闢一個專欄，叫做「中國文學講座」，成爲長期的作者。就這樣她每天必須執筆，寫幾百字或一兩千字，交給報館。忙的時候，少寫一些；閒的時候，多寫一些；大都是她賞析中國文學的心得，範圍涉及散文（包括駢文與古文）、詩、詞、散曲、小說、戲劇各方面，上自左傳、論語、孟子、孝經、禮記、莊子等散文的著述，中經漢賦、唐詩、宋詞，下及元、明、清的戲曲，凡是具有代表性的作家與作品，多半都談到了，可見她對於中國文學涉獵之廣。只有孔子一篇是在教師節那一天的應時之作，但也說得頭頭是道，讓人感到儒家思想確是中國文學的淵源所在。

金陵文化股份有限公司要將她這些文章彙集起來出版問世，請陳立夫先生指教，立夫先生替她題了「中國文學賞析」幾個字。她又送給我看，希望我能作一篇序，我看了以後，很高興我的老助教能有這些作品問世，她二十幾年來鍥而不捨的爲傳播中國文化而努力，在國內、在國外，都有許多成就；因將我對於她的認識，奮筆直書，以成這篇序，來就正於讀這部書的人。

高明　七六、九、十二．

中國文學史跡圖

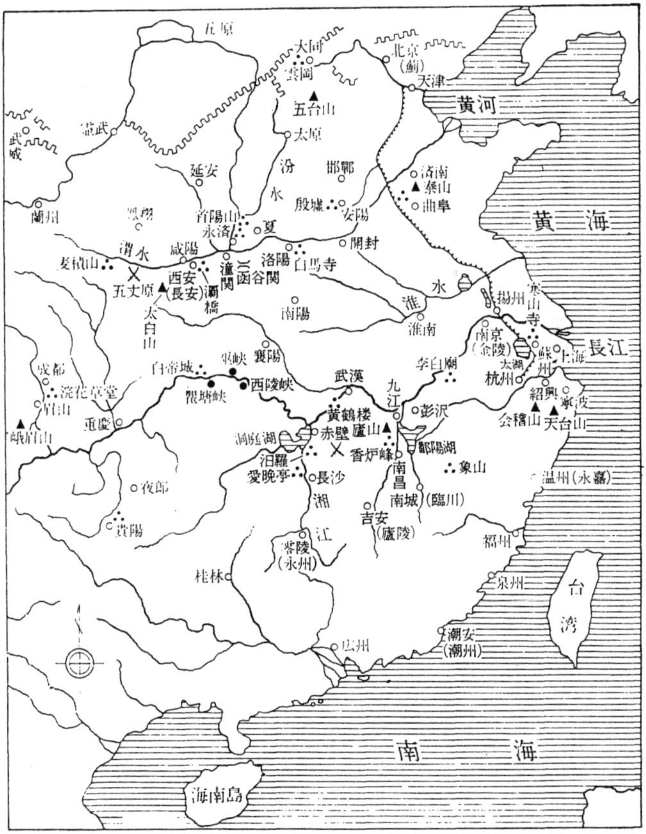
五原
大同
雲岡
北京
(薊)
天津
五台山
太原
靈武
武威
黃河
延安
汾
水
邯鄲
濟南
泰山
曲阜
蘭州
鳳翔
首陽山
永濟
夏
殷墟
安陽
黃　海
渭水
咸陽
開封
麦積山
洛陽
白馬寺
西安
(長安)
潼關
函谷關
灞橋
五丈原
太白山
南陽
水
淮
淮南
揚州
寒山寺
南京
(金陵)
蘇州
上海
長江
太湖
杭州
襄陽
巫峽
白帝城
西陵峽
瞿塘峽
成都
浣花草堂
眉山
峨眉山
重慶
李白廟
武漢
九江
黃鶴楼
彭沢
紹興
寧波
会稽山
天台山
洞庭湖
赤壁
廬山
鄱陽湖
香炉峰
汨羅
愛晚亭
長沙
南昌
象山
溫州(永嘉)
夜郎
湘
江
南城
(臨川)
吉安
(廬陵)
貴陽
零陵
(永州)
福州
桂林
泉州
台湾
広州
潮安
(潮州)
南　海
海南島

東坡詞的感情表現技巧

東坡的詞，是自成一家的，我們無法找出第二人來和他相比。在他之前，雖有李白、范仲淹等，開了豪放派之先，但是到了東坡，更是登峯造極。因為他的詞無論是豪放，是婉約，都充份表達了他自己的思想和感情。

・陳廷焯說：「東坡詞，純以情勝。」（白雨齋詞話）

・胡仔說：「東坡詞皆絕去筆墨畦徑間，直造古人不到處，眞可使人一唱而三嘆。」（苕溪漁隱叢話）

・王易說：「坡詞高亮處，得詩中淵明之清，太白之遠，老杜之渾。」（詞曲史）

・王國維說：「東坡詞曠。」（人間詞話）

・趙景深說：「大凡豪放的人，都是胸襟開擴的，所以蘇軾雖遭讒貶，仍舊不以爲意，處之泰然，因此便造成了曠達的詞境。」（中國文學史新編）

・胡適說：「蘇軾的詞，往往有新意境，所以能創立一種新的風格。這種風格，既非細膩，又非淒怨，乃是悲壯與飄忽。」（詞選）

以上各家所評，都是對東坡的才情而言。這不只是讀一兩首東坡詞，就能心領神會的，必須把他有關的詩、文配合着讀，才看得出東坡詞感情之深，意境之高。前人說他的詞如詩，以詩爲詞，實際上，他的詞，比詩更耐人尋味，可以說眞正達到了「無意不可入，無事不可言」的地步。

他的詞內容廣泛，包括懷古、詠史、說理、感時傷事，以及個人身世的抒寫。作品裏處處反映了他的性情、思想。凡是讀過東坡詞的人，一定會認爲他是個感情極爲豐富的人。他熱愛生命，熱愛朋友，熱愛家人，熱愛君主，熱愛江山，這些熱情，都在他的作品中充份流露出來。

茲分爲手足之情、妻妾之情、君國之情、朋友之情等數端，並引錄其作品，以探討東坡詞中的感情表現，藉此看出東坡的性情與才情之一斑。

一・手足之情——

東坡用情最多的，要算對他的弟弟子由了。從東坡詞集中，寫給子由的各首詞作看，手足情懷，躍然紙上。如：

・沁園春：（赴密州早行馬上寄子由）

『孤館鐙青，野店鷄號，旅枕夢殘。漸月華收練，晨霜耿耿，雲山摛錦，朝露團團。世路無窮，勞生有限，似此區區長鮮歡。微吟罷，凭征鞍無語，往事千端。　當時共客長安，似二陸、初來俱少年。有筆頭千字，胸中萬卷，致君堯舜，此事何難？用舍由時，行藏在我，袖手何妨閒處看？身長健，但優游卒歲，且鬪尊前。』

・水調歌頭：（丙辰中秋，歡飲達旦，大醉，作此篇，兼懷子由。）

『明月幾時有？把酒問青天。不知天上宮闕，今夕是何年？我欲乘風歸去，惟恐瓊樓玉宇，高處不勝寒。起舞弄清影，何似在人間？轉朱閣，低綺戶，照無眠。不應有恨，何事長向別時圓？人有悲歡離合，月有陰晴圓缺，此事古難全。但願人長久，千里共嬋娟。』

・畫堂春：（寄子由）

『柳花飛處麥搖波，晚湖淨鑑新磨。小舟飛棹去如梭，齊唱采菱歌。

平野水雲溶漾，小樓風日晴和。濟南何在暮雲多，歸去奈愁何？』

・水調歌頭：

（余去歲在東武，作水調歌頭以寄子由。今年子由相從彭門百餘日，過中秋而去，作此曲以別。余以其語過悲，乃爲和之，其意以不早退爲戒，以退而相從之樂爲慰云。）

『安石在東海，從事鬢驚秋。中年親友難別，絲竹緩離愁。一旦功成名遂，
準擬東還海道，扶病入西州。雅志困軒冕，遺恨寄滄洲。
歲云暮，須早計，要褐裘。故鄉歸去，千里佳處輒遲留。
我醉歌時君和，醉倒須君扶我，惟酒可忘憂。一任劉玄德，相對臥高樓，』

・西江月：（黃州中秋）

『世事一場大夢，人生幾度新涼。夜來風葉已鳴廊，看取眉頭鬢上。
酒賤常愁客少，月明多被雲妨。中秋誰與共孤光？把琖淒然北望。』

・滿江紅：（懷子由作）

『清潁東流，愁來送，征鴻去翮。情亂處、青山白浪，萬重千疊。
孤負當年林下語，對牀夜雨聽簫瑟。恨此生、長向別離中，彫華髮。
一尊酒，黃河側。無限事，從頭說。相看怳如昨，許多年月。
衣上舊痕餘苦淚，眉閒喜氣占黃色。便與君、池上覓殘春，花如雪。』

•木蘭花令：（宿造口聞夜雨寄子由才叔）

『梧桐葉上三更雨，驚破夢魂無覓。夜涼枕簟已知秋，更聽寒蛩促機杼。
夢中歷歷來時路，猶在江亭醉歌舞。尊前必有問君人，爲道別來心與緒。』

從以上七首東坡與子由的詞裏，可以看出東坡對他弟弟的親情，非比尋常，雖然字面上不見一個「情」字，却充份流露出無限的情思。沁園春「孤館鐙青」、水調歌頭「明月幾時有」、畫堂春「柳花飛絮麥搖波」都是他調任密州時所作，其中明月幾時有這首詞，胡仔說得好：「中秋詞自東坡水調歌頭出，餘詞盡廢。」（苕溪漁隱叢話）東坡這首詞，是四十一歲時所作，他和子由已六、七年不見面了，兩人各自爲事業奔波，在政治上都不得意，再加上他元配王夫人之死，種種因素，使他在中秋良夜一場大醉之後，對大自然發出一連串的癡問：「明月幾時有？」「今夕是何年？」「何事長向別時圓？」「不應有恨」等詞句，表現了作者的癡情，明明是自己有恨，却偏偏說明月不應有恨，這句運用了唐人「月如無恨月長圓」的詩意。「但願」兩字，充份表現出作者的一片赤子之心；縱使是千山萬水，兩地相隔，但是能擧頭共看明月，也聊可安慰了。這首詞眞摯感人，令人百讀不厭。尤其最後兩句，誠爲千古絕唱。東坡對生命的熱愛以及對人生所抱持的樂觀態度，亦由此可見。

水調歌頭「安石在東海」一首，是子由原唱之和篇，子由原唱過份悲哀，東坡和此篇時，於慰藉之中，彌漫眞摯之情，亦有溫柔敦厚之風。西江月「世事一場大夢」一首是東坡出獄後，謫居黃州時，中秋佳節，孑然一身，把酒北望，懷念子由而作，詞語淒涼之至，這首詞可以和他在獄中寫給子由的二首詩配合研讀。其詩如下：

『聖主如天萬物春，小臣愚暗自亡身。百年未滿先償債，十口無歸更累人。是處青山可埋骨，他時雨夜獨傷神。與君世世爲兄弟，又結來生未了因。柏臺霜冷夜淒淒，風動琅璫月向低。夢繞雲山心似塵，魂驚湯火命如雞。眼中犀角眞吾子，身後牛衣愧老妻。百歲神遊定何處，桐鄉知葬浙江西。』

其中「是處青山可埋骨」四句，眞是悲慘之至。東坡是因爲作詩得罪朝廷，在潮州被捕入獄的，後來神宗讀了這兩首詩，爲之心動，才把東坡釋放出來，貶至黃州作團練副使的。「世事一場大夢」一首作於此詩之後，但却又是另一番境界。

滿江紅「清潁東流」一首是東坡五十七歲，任揚州太守時寫給子由的，前片感韶光之易逝，後片則刻劃手足之情，細膩纏綿，可謂豪放派之別格。他們兄弟間的情感，極爲深厚，每次分離，皆淒然淚下。東坡自二十六歲以後，就宦遊四方，很少和子由歡聚，就是有，也是短暫的，故彼此眷念之情，只有見之於詩詞了。在東坡的集子裏，和子由的詩，計有八十一首之多，手足之情，於此可見。

木蘭花令「梧桐葉上三更雨」一首，是東坡五十八歲時所寫，頗有餘味，可以和東府雨中別子由一詩共讀，其詩如下：

『庭下梧桐樹，三年三見汝。前年適汝陰，見汝鳴秋雨。
去年秋雨時，我自廣陵歸。今年中山去，白首歸無期。
客去莫歎息，主人亦是客。對牀定悠悠，夜雨空蕭瑟。
起折梧桐枝，贈汝千里行。歸來知健否？莫忘此時情。』

詩、詞配合欣賞，更可看出東坡兄弟感傷離別之情。

多愁善感，本是詩人的特色，尤其在「只與離人照斷腸」的月光下，以及「梧桐葉上三更雨」的時候，詩人的感想就更多、更深，注入的情更濃。王國維人間詞話：「語妙則不必代。」所謂「代」是指用替代字，也就是用典。別人意不足，沒話可說，拈住個題目繞來繞去，只能用許多典故、詞藻去堆砌一座七寶樓臺，而東坡則不同，他不怕沒話說，只怕被題目限制住。陳廷焯白雨齋詞話說：「其詞寓意高遠，運筆空靈，措語忠厚。」評得相當公允。

二・妻妾之情——

文人多情，自古而然，但細讀東坡詞後，發現他比一般文人更多情。在其詞集中，爲妻妾而寫的詞，也有不少，包括元配王夫人、繼配王夫人、以及妾朝雲等。篇篇哀怨動人，感人肺腑，最有名的有以下諸篇：

‧江城子：（乙卯正月二十日夜記夢）

『十年生死兩茫茫！不思量，自難忘。千里孤墳，無處話淒涼。
縱使相逢應不識，塵滿面，鬢如霜。
夜來幽夢忽還鄉。小軒窗，正梳妝。相顧無言，惟有淚千行。
料得年年腸斷處，明月夜，短松岡。』

‧菩薩蠻：（七夕朝天門上作）

『畫檐初挂彎彎月，孤光未滿先憂缺。遙認玉簾鉤，天孫梳洗樓。
佳人言語好，不願求新巧。此恨固應知，願人無別離。』

‧又：（七夕）

『風迴仙馭雲開扇，更闌月墮星河轉。枕上夢魂驚，曉來疏雨零。
相逢雖草草，長共天難老。終不羨人閒，人閒日似年。』

‧蝶戀花：（同安生日放魚取金光明經救魚事）

『泛泛東風初破五，江柳微黃萬萬千。
千縷佳氣、鬱葱來繡戶，當年江上生奇女。

一琖壽觴誰與舉，三箇明珠、膝上王文度，
放盡窮鱗看圉圉，天公爲下曼陀雨。』

・殢人嬌：

『白髮蒼顏，正是維摩境界。空方丈散花何礙？
朱唇筯點，更髻鬟生彩，這些箇千生萬生只在。
好事心腸，著人情態。閒窗下歛雲凝黛，明朝端午，
待學紉蘭爲佩。尋一首好詩，要書裙帶。』

・浣溪沙：（端午）

『輕汗微微透碧紈，明朝端午浴芳蘭，流香漲膩滿晴川。
綵線輕纏紅玉臂，小符斜挂綠雲鬟，佳人相見一千年。』

・西江月：

『玉骨那愁瘴霧，冰肌自有仙風。海仙時遣探芳叢，倒挂綠毛么鳳。
素面常嫌粉涴，洗妝不褪脣紅。高情已逐曉雲空，不與梨花同夢。』

其中以江城子「十年生死兩茫茫」這首悼念王夫人的詞，最爲感人，可以說是悼亡詞中，最淒楚的一首。他以詩入詞，以文入詞，不雕琢，自然得就好像耳邊聽到東坡的獨白。「不思量」的不字，與「自難忘」的自字，在意義上是矛盾的，表面上看起來，作者是不想，而內心又何曾忘却？如不思念又何以

夢到亡妻？字面上沒有出現一個情字，然通首都是情，這是東坡慣用的手法，不只是讀他一兩首詞就能體會的。「縱使相逢應不識」是哀痛的，「塵滿面」是暗用「思君令人老」的詩句。下片係繼承上片的願望，夢回故里，看到亡妻正對鏡梳粧，雖然鏡頭是短暫的，却令人相顧無言，因太悲慟，而醒了過來，滿臉淚痕。尤其最後兩句，又是東坡自我安慰：料想在明月當空的夜晚，地下的亡妻，一定也年年爲了思念我而斷腸吧？這種移情手法，在前面已經提過。總之，這首悼亡詞，眞是一字一淚，感人之至。

菩薩蠻「畫簷初掛彎彎月」及同調「風廻仙馭雲開扇」兩首，都是在七夕寫的，是紀念與繼配王夫人在患難中久別重逢的詞。這裏暗用了長生殿的典，而不着痕跡。詩人總是多愁善感的，還沒看到月亮圓，就先擔心它的缺，才見面，就擔心離別，眞是想得遠。但是詩人始終是追求美好的一面，對人生仍是抱持樂觀的態度，所以最後仍有「願人無別離」的願望。這和水調歌頭裏的「但願人長久」有異曲同工之妙。東坡在詞中，一再將大自然和人世間的事聯想在一起，如第三句用玉簾鉤比喻七夕的新月，接着又聯想到七巧，偏又說佳人「不願求新巧」，求的是：「願人無別離」，眞可以說一層更進一層，脈絡分明，讀了這首詞，可以了解東坡詞的特點，波瀾壯濶，變化莫測，他除了思想感情的奔放外，還有結構的多變，語言的傾瀉。

「白髮蒼顏」及「輕汗微微透碧紈」、「玉骨那愁瘴霧」三首，都是贈朝雲的，朝雲在患難中侍候東坡最久，東坡很細膩地把朝雲的神態、笑貌、柔媚、風韻，都描繪出來。這三首詞合在一起欣賞，則更覺清麗委婉，也是豪放派的別格。

三・君國之情——

東坡的忠君愛國，是出於儒家的思想。宋史本傳說：「洵晚讀易，作易傳，未究，命軾述其志，軾成易傳，復作論語說，後居海南作書傳。」由於東坡從小接受孔孟思想之薰陶，養成他一生正直廉潔、不善阿諛的品德。在朝廷爲官時，知無不言，言無不盡，忠言讜論，傾動一時，在地方任職時，則努力爲百姓除災難，謀求福利。後來他在政治生涯中，雖然宦海浮沉，多次被貶謫，但仍未減損他對君國的眷念之情。在東坡詩詞中，時時流露出他憂心國事、關懷民疾的情懷，所以周煇清波雜志說：「居士詞豈無去國懷鄉之感？殊覺哀而不傷。」

東坡詞集中，很多是表現思君懷鄉之情的：

・南鄉子：（和楊元素時移守密州）

『東武望餘杭，雲海天涯兩渺茫。何日成名遂了，還鄉。

醉笑陪公三萬場，不用訴離觴。
痛飲從來別有腸，今夜送歸鐙火冷，河塘，墮淚羊公却姓楊。』

．沁園春：（赴密州早行馬上寄子由）

．孤館鐙青：（見前手足之情例）

．江城子：

『老夫聊發少年狂，左牽黃，右擎蒼。錦帽貂裘，千騎卷平岡。
爲報傾城隨太守，親射虎，看孫郎。
酒酣胸膽尚開張，鬢微霜，又何妨？持節雲中，何日遣馮唐？
會挽雕弓如滿月，西北望，射天狼。』

．滿庭芳：

（元豐七年四月一日余將去黃移汝留別雪堂鄰里二三君子會李仲覽自江東來別遂書以遺之）

『歸去來兮，吾歸何處？萬里家在岷峨。百年強半，來日苦無多。
坐見黃州再閏，兒童盡楚語吳歌。山中友、雞豚社酒，相勸老東坡。
云何，當此去，人生底事，來往如梭。待閒看秋風，洛水清波。
好在堂前細柳，應念我莫翦柔柯。仍傳語、江南父老，時與曬漁蓑。』

．滿庭芳：

（余年十七始與劉仲達往來於眉山今年四十九相逢於泗水惟水淺凍久留郡中晦日同遊南山話舊感歎因作滿庭芳云）

『三十三年，飄流江海，萬里煙浪雲帆。故人驚怪，憔悴老青衫。我自疏狂異趣，君何事奔走塵凡。流年盡、窮途坐守，船尾凍相銜。纔纔，淮浦外，層樓翠壁，古寺空巖。步携手林閒，笑挽纖纖。莫上孤峰盡處，縈望眼雲海相攙。家何在？因君問我，歸夢繞松杉。』

・臨江仙：（送王緘）

『忘却成都來十載，因君未免思量。憑將清淚灑江陽。故山知好在，孤客自悲涼。上別愁君未見，歸來欲斷無腸。殷勤且更盡離觴。此身如傳舍，何處是吾鄉？

・浣溪沙：

『山色橫侵蘸暈霞，湘川風靜吐寒花，遠林屋散尙啼鴉。夢到故園多少路，酒醒南望隔天涯，月明千里照平沙。』

從以上各首詞，可看出東坡對君主的忠心赤膽，以及對江山熱愛的程度。沁園春「孤館鐙青」一詩內「致君堯舜」一語，便是東坡獻身政治的最大抱負。讀這首詞時，可以將東坡屈原塔、留題峽州甘泉寺兩首詩，同時配合欣賞，則益發顯出東坡那種景仰先賢聖哲的情懷。茲錄二詩如下：

・屈原塔：

『楚人悲屈原，千載意未歇。精魂飄何處？父老空哽咽。
至今滄江上，投飯救饑渴。遺風成競渡，哀叫楚山裂。
屈原古壯士，就死意甚烈。世俗安得知？眷眷不忍決。
南賓舊屬楚，山上有遺塔。應是奉佛人，恐子就淪滅。
此事雖無憑，此意固已切。古人誰不死？何必較考折。
名聲實無窮，富貴亦暫熱。丈夫知此理，所以持死節。』

・留題峽州甘泉寺：

『輕舟橫江來，弔古悲純孝。逶迤尋遠跡，婉孌見遺貌。
清泉不可挹，涸盡空石窖。古人飄何之，惟有風竹鬧。
行行翫村落，戶戶懸網罟。民風坦和平，開戶夜無鈔。
叢林富筍茹，平野絕虎豹。嗟哉此樂鄉，毋乃姜子教。』

江城子「老夫聊發少年狂」這首，是藉着平凡生活中打獵的事，抒寫他獻身報國的壯志豪情。可見東坡的一股浩氣勁節，至老不衰。臨江仙「忘却成都來十載」這首，是東坡被調至杭州通判時所寫，他無時無刻不以故國爲念。千秋歲「……君命重，臣節在」這首，是東坡貶謫邊遠的儋州所寫，當時東坡在政治上已到絕望的地步，他曾自題「心似已灰之木，身如不繫之舟。」雖然如此，他仍抱持着身在海外、心在朝廷的忠貞節操。這首詞，頗有孟子所謂浩然的氣慨。

四·朋友之情——「多情」與有「情」

在東坡三百多首詞中，約略統計，重複出現「多情」二字的詞，有二十首之多（依朱祖謀編年本東坡樂府），這是其他詞集所沒有的，巧的是多半是送別或思念友人之作，茲引錄其「多情」之句如下：

- 酒力漸消風力輭，颼颼，破帽多情却戀頭。（南鄉子）
- 多情好事與君還，閔新鰥，拭餘潸。（江城子）
- 無情流水多情客，勸我如相識。（勸金船）
- 紅粉尊前添懊惱，休道，如何留得許多情！（定風波）
- 多情多感仍多病，多景樓中，尊酒相逢，樂事回頭一笑空。（採桑子）
- 天豈無情？天也解多情留客。（滿江紅）
- 藍橋何處覓雲英？只有多情流水伴人行。（南歌子）
- 明月多情來照戶，但攬取、清光長送人歸去。（漁家傲）
- 昔遊應記，料多情夢裏，端來見我，也參差是。（水龍吟）
- 故國神遊，多情應笑我，早生華髮。（念奴嬌）

・重客多情，滿勸金巵玉手擎。（減字木蘭花）
・賴有多情，好飲無事，似古人賢守。（醉蓬萊）
・年來自笑，無情何事，猶有多情遺思。（永遇樂）
・邃院重簾何處？惹得多情，愁對風光。（雨中花慢）
・坐中有客最多情，不惜玉山拚醉倒。（木蘭花令）
・月明誰起笛中哀？多情王謝女，相逐過江來。（臨江仙）
・道字嬌訛語未成，未應春閣夢多情。（浣溪沙）
・笑漸不聞聲漸悄，多情却被無情惱。（蝶戀花）
・苦被多情相折挫，病緒厭厭，渾以年時箇。（江城子）
・美人不用斂歌眉，我亦多情，無奈酒闌時。（虞美人）

讀了以上的詞句，不難窺出東坡情思之豐富，譬如採桑子：「多情多感仍多病，多景樓中……」一口氣連用了四個多字，不僅節奏明快，而且強調了作者的感情。

東坡不但自己多情，而且還移情到對方。譬如我們讀到以下各句：

・多情應笑我，早生華髮。（念奴嬌）
・明月多情來照戶，但攬取、清光長送人歸去。（漁家傲）
・酒力漸消風力輭，颼颼，破帽多情却戀頭。（南鄉子）

其中所提到的人物、明月、破帽，對東坡又有什麼情呢？不都是東坡的移情作用嗎？明明是東坡自己多情，却偏偏加之於人，加之於物，這就是東坡的可愛處，亦是東坡詞的特殊風格。

尤其是一接觸到「懷古」的題材，他就感嘆萬分，往往把自己的感情完全放在故國山河、或是古人的頭上，這是他借題發揮的慣用手法。

　　譬如念奴嬌赤壁懷古這首，作者借着懷古，來發抒自己的感慨——早生華髮，一事無成。「千古」、「故國」兩句，都在喚起人們對歷史的回顧，往事已逝，古人遠矣，然東坡內心激蕩着歷史人物的感情。東坡感情充沛，想像力豐富，看到滾滾不盡的流水，自然聯想到逝者如斯的時間，觸景生情，又聯想到當年赤壁之戰，那時，在此龍爭虎鬪的英雄豪傑們，如今已被大江浪花沖洗得乾乾淨淨，正是前赤壁賦中所說：「哀吾生之須臾，羨長江之無窮」。他從時空的無限，又聯想到他生命的有限，不禁感慨萬千，自己只是一個「將老，身反累」、而「風雪貶黃州」的罪官，不免要讓三國時的周瑜，笑我早生華髮了；明明是作者的「多情」、「多感」，却偏偏加在火燒赤壁的名將周瑜身上。東坡的詞，往往有出其不意的神來之筆，前面講的是人事的變遷，過眼皆成雲烟，是消極的，突然下一句又轉到萬古長存的大江明月，是永遠不變的，「一尊還酹江月」，是他情不自禁地，洒酒江中，一弔萬古長存的明月，又表現了他的達觀。

東坡就是如此，一隻筆，引領着讀者遨遊在他充沛的感情世界裏。其實，東坡所遊赤壁，並非三國的周瑜大敗曹操的赤壁戰場。但地名相同，風景雄偉，又有同樣的傳說，加之作者謫居於此，年近半百，功名無成，因而使他大發思古之幽情。

鄭騫先生「從詩到曲」一書中，也曾提到赤壁懷古這首詞；完全表現所謂的逸懷浩氣，而最大的特點，就是有作者自己。的確，東坡詞的特點就是處處有他自己。

東坡詞純以情勝，在東坡詞集中，除了「多情」二字反映在字面之外，也有不少詞句中含有一個「情」字，在東坡當是無意的、自然的流露，茲先羅列其有「情」之句如下：

- 昨日出東城，試探春情。（浪陶沙）
- 携手江村，梅雪飄裙，情何限處處消魂。（行香子）
- 忽聞江上弄哀箏，苦含情，遣誰聽？（江城子）
- 落日有情還照坐，山青一點橫雲破。（蝶戀花）
- 我輩情鍾，古來誰似龍山宴？（點絳唇）
- 知君却是爲情穠，怕見此花撩動。（西江月）

・有情風萬里卷潮來，無情送潮歸。（八聲甘州）
・我勸髯張歸去好，從來自己忘情。（臨江仙）
・一曲陽關情幾許？知君欲向秦川去。（漁家傲）
・未信此情難繫絆，楊花猶有東風管。（蝶戀花）
・白髮盧郎情未已，一夜翦刀收玉蕊。（天仙子）
・且圖得氤氳久，爲情深嫌怕斷頭煙。（翻香令）
・相逢情有在，不語意難量。（意難忘）

綜合以上各詞來看，東坡對朋友，情意深厚，一切出於眞誠，故眞情於不知不覺，出現在字裏行間，眞所謂「文如其人」。

如讀蝶戀花暮春別李公擇句：「落日有情還照坐，我思君處君思我。」上句寫景，下句彌漫了作者深深的別情愁緒。在東坡眼裏，天地萬物都和他一樣多情，明明是東坡有情，却偏移情到「落日」。尤其是最後一句：「我思君處君思我。」總以爲別人也和他一樣多情，別人想他，就如同他想別人一樣。在東坡詞集中，表現出這種移情作用的詞句，眞是不勝枚擧。譬如江城子「十年生死兩茫茫」中的最後數句：「料得年年腸斷處，明月夜，短松岡。」由自己爲死者悲哀寫起，轉寫到死者在黃泉，爲了東坡而斷腸，眞可說「一唱三歎」，寫情到了最高境界。前面提到念奴嬌：「多情應笑我，早生華髮」句也是表現了同樣的手法。

八聲甘州寄參寥詞「有情風萬里卷潮來」一首，全詞充份流露着東坡對朋友的眞情；東坡參寥潤別後，舊地重遊，但已物是人非，而景物依舊，看着潮來潮去，不覺感情起伏澎湃，正如鄭文焯手批東坡樂府所說：「突兀雪山，卷地而來，眞似錢塘江上看潮時，添得此老胸中數萬兵，是何等氣象，雄且桀。妙在無一字豪宕，無一語險怪，又出以閒逸感喟之情，所謂骨重神寒，不食人間煙火氣者，詞境至此觀止矣。」又說：「雲錦成章，天衣無縫是作從至情流出，不假熨貼之工。」

小　結

我們讀了東坡詞，可以知道他的手足之情、妻妾之情、君國之情、朋友之情，完全出於至性至情，誠如劉熙載所說：「蘇辛皆至性至情人，故其詞瀟灑卓犖，悉出於溫柔敦厚。」（詞概）東坡最佳的名言，也是他對自己最好的形容，就是他向弟弟子由所說的話：

・吾上可陪玉皇大帝，下可以陪卑田院乞兒，眼前見天下無一個不好人。

這就是東坡的可愛處，他有悲天憫人的胸襟，有待人如己的熱忱，富有正義感、同情心。如果我們能透過東坡的人生觀、東坡的詩文，來讀他的詞，則

會更有意味，更有新的體認。

念奴嬌（赤壁懷古）　　蘇東坡

大江東去，浪淘盡千古風流人物。
故壘西邊，人道是三國周郎赤壁。
亂石崩雲，驚濤裂岸，卷起千堆雪。
江山如畫，一時多少豪傑。
遙想公瑾當年，小喬初嫁了，雄姿英發。
羽扇綸巾，談笑間，強虜灰飛煙滅。
故國神游，多情應笑我，早生華髮。
人間如夢，一尊還酹江月。

東坡詞賞析

明月幾時有？把酒問青天。
不知天上宮闕，今夕是何年。
我欲乘風歸去，又恐瓊樓玉宇，高處不勝寒。
起舞弄清影，何似在人間！
轉朱閣，低綺戶，照無眠。
不應有恨，何事長向別時圓？
人有悲歡離合，月有陰晴圓缺，此事古難全。
但願人長久，千里共嬋娟。

這是一闋著名的中秋詞。作者是蘇軾，（西元一〇三六——一一〇一年）字子瞻，號東坡居士，北宋眉山（今四川）人。曾歷任團練副使，翰林學士（專司制誥）等職。死後謚爲文忠公。他一生不得意，因反對王安石新法，屢次遭到貶黜，曾做過杭州、密州（山東）、徐州（江蘇）、黃州（湖北）地方官。最遠貶到瓊州（海南島），最後死在常州（江蘇）。

蘇軾是唐宋八大家之一。擅長於詩、詞、散文、書法。詞與辛棄疾並稱，屬於豪放派。他以詩入詞，突破前人拘於兒女柔情的描寫。詞的內容包括懷古、詠史、說理、談玄、感時傷事，以及山水田園的描繪，達到「無意不可入，無事不可言」的境地。有「東坡樂府」集。

這闋「明月幾時有」是他四十一歲任密州（山東諸城）太守，中秋歡飲達旦，大醉時所作，是寫給他弟弟子由的。

他和子由已六、七年不見面了。兩人各自爲事業奔波，在政治上都不得意，再加上他元配王夫人之死，種種因素，使他在中秋良夜一場大醉之後，對大自然發出一連串的癡問：「明月幾時有？」「今夕是何年？」「何事長向別時圓？」「不應有恨」等詞句，表現了作者的癡情。明明是自己有恨，却偏偏說明月不應有恨。最後一句是運用了唐人「月如無恨月長圓」的詩意。首句「明月幾時有？」出於李白詩：「青天有月來幾時？我今停杯一問之。」詩人都是多感的，面對明月的無窮無止，感慨着人生的有限，同首詩中「今人不見古時月，今月曾經照古人」句，頗耐人尋味，人在大自然中是多麼地渺小，儘管如此，我們不必悲觀，因爲生命是可以繁衍的，是可以代代薪傳的，正如唐張若虛的詩句：「人生代代無窮已，江月年年照相似。」有積極的一面，和東坡這闋詞有異曲同工之妙。

東坡這闋詞的上片，寫中秋的寂寞，幻想到月宮中去，飛到那個不屬地球的地方，是他所追求的清淨之地；但是又怕獨自住在那由瓊玉所建造的樓臺，耐不住那裏的寒冷，不如人間溫暖，還是回到人間的好。於是，他擲去酒杯，在月光下翩翩起舞。「我欲乘風歸去」的念頭已煙消雲散，究竟自己是凡夫俗子，那有辦法遠離塵世呢？於是由幻想，回到了現實！

詞的下片，說明月有圓缺，人有離有合，自古以來沒有亙久的美好，前者是不可彌補的，而後者却可以靠人爲力量挽救。「但願」兩句，雖平凡淺近，却充分表現出作者一片赤子之心與誠摯的感情。這兩句引用了南北朝謝莊月賦：「隔千里兮共明月」；縱使是千山萬水相隔，但能擧頭共看明月，也聊可安慰了。這闋詞之所以令人百讀不厭，是由於他以豐富的想像、清麗的語言，將宇宙的奧祕神奇，與人世結合；由浪漫的世界，回到現實的人生，達到最高的藝術成就。他對生命的熱愛以及對人生所抱持的樂觀態度，由此闋詞中窺出。

這闋詞可以和他另一闋西江月「世事一場大夢」配合着讀，都是在中秋夜寫給他弟弟子由的。

「世事一場大夢，人生幾度新涼。夜來風葉已鳴廊。看取眉頭鬢上。
酒賤常愁客少，月明多被雲妨。中秋誰與共孤光。把盞淒然北望。」

這是東坡出獄後，謫居黃州時，中秋佳節，孑然一身，把酒北望，懷念子由而作，詞語淒涼之至。

讀了東坡這兩闋給子由的詞，可以知道東坡用情最多的，要算對他的弟弟子由了。他的手足之情，完全出於至性至情的，誠如劉熙載所說：「蘇辛皆至性至情的人，故其詞瀟洒卓犖，悉出於溫柔敦厚。」

十五夜望月
王建
中庭地白樹
栖鴉冷露
無聲濕
桂花今
夜月明
人盡望
不知秋
思在
誰家

東坡的田園詞賞析

東坡詞，除了膾炙人口的「大江東去」、「明月幾時有」等豪放詞外，還有許多樸素自然，清新可愛的田園詞，可以說是豪放派的另一章。王易詞曲史說：「坡詞高亮處，得淵明之清，太白之逸，老杜之渾。」胡寅酒邊詞序說：「……坡詞使人登高望遠，舉首高歌，逸懷浩氣，超乎塵埃之外。」都說明了東坡詞之不同於衆。

東坡個性爽朗，耿直不阿。一生時遭困厄，都能逆來順受，隨遇而安。他不論在任何環境下，均能處之泰然，樂天知命。

從東坡的田園詞中，可以反應出東坡是一位清廉正直，瀟灑閒適的人，他那種「可以仕則仕，可以止則止」的思想，可以說是深受淵明的「歸去來兮」的影響的。他自己也說過：「居官不仕事，蕭散羨長卿，胡不歸去來。」東坡的田園詞，不尚詞藻，不用典故，純係白描，令人讀來，親切有味，自然樸實。這種風格，也是深受淵明詩的影響。

尤其是東坡知徐州、湖州，以及謫居黃州的這段期間——元豐元年（公元一〇七八年）到元豐五年（公元一〇八二年），正是他壯年的期間，他卻充份享受到大自然的情趣。田園村夫，老嫗幼童，都給了他精神上莫大的慰藉。這期間，東坡的生活是恬靜的；閒來無事，他就漫步於田間郊野，與農民閒話家常。遇到災荒的時候，或地方上有了困難，他就設法浚湖、築堤、鑿井，儘量設法解除問題。

元豐四年（公元一〇八一年），東坡開始躬耕於東坡，成了道道地地的農夫，並自稱「東坡居士」，這期間也產生不少田園之作。

茲因篇幅所限，僅將元豐元年至元豐七年期間，有關農村田園之詞，略述於后，給讀者以具體的印象：

・浣溪沙（五首）：

『照日深紅暖見魚，連村綠暗晚藏烏，黃童白叟聚睢盱。
麋鹿逢人雖未慣，猿猱聞鼓不需呼，歸來說與采桑姑。』

·又：

『旋抹紅妝看使君，三三五五棘籬門，相排踏破蒨羅裙。
老幼扶攜收麥社，烏鳶翔舞賽神村，道逢醉叟臥黃昏。』

·又：

『麻葉層層檾葉光，誰家煮繭一村香，隔籬嬌語絡絲娘。
垂白杖藜擡醉眼，捋青擣麨輭肌腸，問言豆葉幾時黃。』

·又：

『簌簌衣巾落棗花，村南村北響繰車，半依古柳賣黃瓜。
酒困路長惟欲睡，日高人渴漫思茶，敲門試問野人家。』

·又：

『輭草平莎過雨新，輕沙走馬路無塵，何時收拾耦耕身。
日暖桑麻光似潑，風來蒿艾氣如薰，使君元是此中人。』

元豐元年戊午春，徐州發生乾旱不雨的現象，東坡在徐門城東二十里之石潭禱雨有「起伏龍行」詩：「東方久旱千里赤，三月行人口生土。」（註一）爲證。後來求雨成功，天降甘霖，歡娛之情，不知不覺表露出來。東坡因此一口氣，寫了五首浣溪沙詞，來描述仲夏，農村的風光，可以說是生動活潑，清麗可喜；

「照日深紅暖見魚」這首，特別說明了那年春旱不雨的嚴重性。及至後來下雨了，農人喜逢甘霖的歡樂之情，又可從「黃童白叟」的臉上表情，以及「猿猱聞鼓不須呼」的擊鼓聲中洋溢出來。

這首詞中運用了紅、綠、黃、白，四個顏色鮮明的實色以及魚、烏，兩種憑讀者想像的虛色，眞可以說匠心獨運，充份利用顏色來反映景物的印象，這也是東坡慣用的手法之一。

「施抹紅妝看使君」這首詞，在人物的描寫方面，最爲活現；有匆匆打扮好，穿著紅妝的村女，他們爲了爭看使君而互相排擠，而踏破了羅裙。也有携老扶幼的男女老少，他們收了麥子以後，祭神酬恩。在賽神村的上空，還有盤旋飛舞的烏鳶。黃昏時候，更有醉倒路邊的老叟。

這首詞，眞是有聲有色；有排擠的，有吵鬧的。有鮮艷的紅妝，有棗樹枝編排的籬笆門。至於空中飛舞的烏鳶，其顏色也只有讓讀者去想像了。

「麻葉層層檾葉光」這首，不但有聲有色，還有味。有煮繭時的婦女談笑聲，有炒新麥的鍋鏟聲，由遠而近，有粗有細……

至於顏色方面，有麻葉受日光反照光澤，有要「黃」沒黃的豆葉，有「白」髮的老人。東坡詞的寫景寫物，因著顏色的渲染而襯托出來。

不僅是聲、是色，還有「誰家煮繭一村香」的香味，以及捋青擣麨的香味。這就是東坡詞的可愛處，古往今來的詞人，實在無人能出其右。

「簌簌衣巾落棗花」這首詞，有村南村北繰車聲，有賣黃瓜的叫賊聲，有向人家討茶的敲門聲，眞是一首田園交響曲。「棗花」、「古柳」、「黃瓜」，又都是本詞中的色彩。

至於人物方面，除了有賣黃瓜的，繰車的，騎馬的，同時還有作者自己。把自己隨時放在詞中，也是東坡詞的特色之一。

「軟草平莎過雨新」這首，作者有歸田之想。詞中，有剛下過雨的輭草平莎，有夏日太陽照在雨後桑麻上所發出耀眼的光澤，以及在無塵的輕沙上，若有若無的走馬聲，再加上風吹蒿艾的香味，眞是好一幅生動的農村景象。

以上五首浣溪沙詞，總計二百一十字，可以說是詞中有畫，無論結構、佈局、著色、聲情，都發揮了高度的技巧。尤其是他以白描的手法，散文的體裁，運用在詞上，格外生動活潑，親切眞實，令人有身歷其境之感。

・南歌子（一首）：

『帶酒衝山雨，和衣睡晚晴，不知鐘鼓報天明，夢裏栩然胡蝶一身輕。

老去才都盡，歸去計未成，求田問舍笑豪英，自愛湖邊沙路免泥行。』

元豐二年，東坡四十四歲，改任湖州太守，時對新職尚稱滿意，公餘之暇，偶有閒情漫遊於山間田野，因而一口氣，寫了三首南歌子。

其中「帶酒衝山雨」這首，充份顯示出東坡的瀟灑自適。他在雨過天晴的夕陽暮色中，酒醉和衣而睡，一夜不知東方之既白，這就是東坡的率性，順適處。「自愛湖邊沙路免泥行」更是反應出他那種「出污泥而不染」的高潔品格，以及他所追求的理想。

・浣溪沙（二首）：

『覆塊青青麥未蘇，江南雲葉暗隨車，臨皐煙景世間無。
雨脚半收檐斷線，雪林初下瓦跳珠，歸來冰顆亂黏鬚。』

・又：

『醉夢昏昏曉未蘇，門前轣轆使君車，扶頭一琖怎生無。
廢圃寒蔬挑翠羽，小槽春酒滴眞珠，清香細細嚼梅鬚。』

元豐四年十二月二日，東坡謫居黃山，雨後微雪，太守徐君猷攜酒見過，座上所作浣溪沙三首，及明日酒醒，雪大作，又作二首，共五首。每首的第一句末，各有一個「蘇」字，最後一句末，各有一個「鬚」字。「覆塊青青麥未蘇」及「醉夢昏昏曉未蘇」，爲其中之二首。前句的主詞是麥，後句的主詞是東坡自己。「歸來冰顆亂黏鬚」及「清香細細嚼梅鬚」的「鬚」字，前者指自己，後者指梅。這是東坡寫詞的藝術手法之一。再如詞中的「青青」、「昏昏」又都是摹狀的疊字形容詞，頗有音韻感。

東坡自從謫居黃州以後就追求陶淵明式的那種生活，這兩首可以和元豐五年二月他居雪堂時的江城子，配合讀。他在江城子序中說：「陶淵明以正月五日遊斜川，臨流班坐，顧瞻南阜，愛曾城之獨秀，乃作斜川詩。至今使人想見其處。元豐壬戌之春，余躬耕於東坡，築雪堂居之。南挹四望亭之後丘，西控北山之微泉，慨然而嘆；此亦斜川之遊也，乃作長短句，以江城子歌之。」當時東坡和淵明的生活狀況，相當接近。

・江城子：

『夢中了了醉中醒，只淵明，是前生，走遍人間，依舊卻躬耕，
昨夜東坡春雨足，烏鵲喜，報新晴。
雪堂西畔暗泉鳴，北山傾，小溪橫，南望亭丘，孤秀聳曾城，
都是斜川當日境，吾老矣，寄餘齡。』

這首詞，表現得非常率直，東坡到達黃州滿三年時，曾構築了雪堂居住，羨慕淵明的精神世界。「吾老矣，寄餘齡」，是東坡所追求的一種安靜的生活，可以說完全進入了陶淵明的世界。

・定風波：

（三月七日沙湖道中遇雨雨具先去同行皆狼狽余獨不覺已而遂晴故作此。）

『莫聽穿林打葉聲，何妨吟嘯且徐行，

竹杖芒鞵輕勝馬，誰怕，一蓑煙雨任平生。
料峭春風吹酒醒，微冷，山頭斜照卻相迎，
回首向來簫瑟處，歸去，也無風雨也無晴。』

這首詞是元豐五年春，東坡謫居黃州時所作（公元一〇八二年），時東坡已四十七歲，此時的作品，是通過靈魂而產生的精神結晶體，他放浪於山水之間，釣魚採藥，忘卻塵世，是東坡最瀟灑的時候。竹杖、芒鞋、蓑衣，正代表了東坡的樸素洒脫，頗有隱逸田園之風。他那種在雨中吟嘯徐行的個性，可以和發洪澤中途遇風復還詩（註二）：「……我行無南北，適意乃所祈。」配合讀，都是表現了他那種逆來順受，隨遇而安的性格。這首同時也可以和前首南歌子「帶酒衝山雨」配合讀，更能予讀者以深刻印象。

・西江月：

（頃在黃州春夜行蘄水中過酒家飲酒醉乘月至一溪橋上解鞍曲肱醉臥少休及覺已曉亂，山攢擁流水鏘然疑非塵世也書此語橋柱上。）

『照野瀰瀰淺浪，橫空隱隱層霄。障泥未解玉驄驕。我欲醉眠芸草。
可惜一溪風月，莫教踏碎瓊瑤。解鞍敧枕綠楊橋。杜宇一聲春曉。』

・哨徧：

（陶淵明賦歸去來，有其詞而無其聲，余既治東坡築雪堂於上，人俱笑其陋，獨鄱陽董毅夫過而悅之，有卜鄰之意，乃取歸去來詞稍加隱括，使就聲律以遺毅夫，使家僮歌之，時相從於東坡，釋耒而和之，扣牛角而爲之節，不亦樂乎。）

『爲米折腰，因酒棄家，口體交相累，歸去來，誰不遣君歸，
覺從前皆非今是，露未晞，征夫指予歸路，門前笑語喧童稚，嗟舊菊都荒，
新松暗老，吾年今已如此，但小窗，容膝閉柴扉，策杖看，孤雲暮鴻飛，
雲出無心，鳥倦知還，本非有意。　意歸去來兮，我今忘我兼忘世，
親戚無浪語，琴書中有眞味，步翠麓崎嶇，泛溪窈窕，
涓涓暗谷流春水，觀草木欣榮，幽人自感，吾生行且休矣，
念寓形宇內復幾時，不自覺，皇皇欲何之，委吾心，去留誰計，
神仙知在何處，富貴非吾志，但知臨水登山嘯詠，
自引壺觴自醉，此生天命更何疑，且乘流遇坎還止。』

・浣溪沙：

（玄眞子漁父詞極清麗恨其曲度不傷故加數語令以浣溪沙歌之）

『西塞山前白鷺飛，散花洲外片帆微，桃花流水鱖魚肥。
自庇一身青篛笠，相遇到處綠蓑衣，斜風細雨不須歸。』

以上三首都是作於元豐五年。

「照野彌彌淺浪」清麗徐舒，無半點塵世之喧嘩，但見溪橋月色，河水潺潺。綠楊堤畔，且解下馬鞍，曲肱爲枕。正是清風拂面，好夢留人，不知杜鵑一聲破春曉。

「爲米折腰」這首，可與陶淵明「歸去來兮」配合著讀。由這首入世的詞看來，東坡本人，並非不洞曉音律，只是他不願意爲了歌唱而作詞。他作詞多半是爲了情趣，爲了文學的生命。

由以上所舉田園詞，可以反映出東坡曠然天眞，瀟洒自如的性格。他除了豪放詞外，還有著代表他淡泊寧靜生活的閒適小詞，正如劉熙載所說：「東坡詞無意不可入，無事不可言」，一點不錯。

▲（註一）起伏龍行：

（徐州城東二十里有石潭，父老云與泗水通，增損清濁，相應不差，時有河魚出焉。元豐元年春旱，或云置虎頭潭中，可以致雷雨。用其說，作起伏龍行一首。）

『何年白竹千鈞弩。射殺南山雪毛虎。至今顱骨帶霜牙。尙作四海毛蟲祖。
東方久旱千里赤。三月行人口生土。碧潭近在古城東。神物所蟠誰敢侮。
上欹蒼石擁巖竇。下應清河通水府。眼光作電走金池。鼻息爲雲擢煙縷。
當年負圖傳帝命。左右羲軒詔神禹。爾來懷寶但貪眠。滿腹雷霆瘖不吐。

赤龍白虎戰明日。倒卷黃河作飛雨。嗟吾豈樂鬬兩雄。有事徑須煩一怒。』

（明日：是月丙辰，明日庚寅。）

▲（註二）發洪澤中塗，遇大風復還：

『風浪忽如此，吾行欲安歸。掛帆却西邁。此計未爲非。洪澤三十里。安流去如飛。居民見我還。勞問亦依依。攜酒就船賣。此意厚莫違。醒來夜已半。岸木聲向微。明日淮陰市。白魚能許肥。我行無南北。適意乃所祈。何勞弄澎湃。終夜搖窗扉。妻孥莫憂色。更典篋中衣。』

漁父　　　　蘇東坡

漁父飲，誰家去？魚蟹一時分付。
酒無多少醉爲期，彼此不論錢數。
漁父醉，蓑衣舞。醉裏却尋歸路。
輕舟短棹任橫斜，醒後不知何處。
漁父醒，春江午。夢斷落花飛絮。
酒醒還醉醉還醒，一笑人間今古。
漁父笑，輕鷗舉。漠漠一江風雨。
江邊騎馬是官人，借我孤舟南渡。

李清照詞賞析·1

『繡幕芙蓉一笑開，斜偎寶鴨襯香腮，眼波纔動被人猜。一面風情深有韻，半箋嬌恨寄幽懷，月移花影約重來。』（浣溪沙）

這是女詞人李清照前期的作品，在生動飛揚的文采中，充份刻畫出她和丈夫趙明誠的一段戀情。

李清照——自號易安居士，生於宋神宗元豐七年（一〇八四年），迄今一九八四，正好九百年，山東濟南人，南宋婉約派大詞家。十八歲嫁給趙明誠，夫婦志趣相投，感情彌篤。明誠是金石學家，著有「金石錄」，清照爲作石序，詳記他兩夫婦在中原淪陷之前的恩愛生活。

可是，好景不常，南渡後不久，明誠就病逝在建康（南京），她便過着顛沛流離的淒涼日子。晚年在浙江金華，紹興一帶渡過，最後終於在愁苦中逝去，卒年不詳。

她的詞以南渡爲界分前後兩期；前期的詞大都屬於閨情寫景一類；後期的詞，由於親身遭遇到國破家亡的厄運，詞風突變，大多是悲苦沉痛的調子。對於生活有更深一層的體認。

她的詞集漱玉集，流傳下來的雖然只有五十多首，却篇篇珠圓玉潤。尤其是語言清新，音調諧婉，在藝術的成就上，有其獨特之處，是不可多得的天才女詞人。

這首詞，很巧妙地描繪了一個獨守空閨的少婦心曲。

前片是說這位十八歲的新婚少婦，在丈夫出游時，拉開了繡有芙蓉的簾幕，輕盈的一笑，然後臉貼着鴨形的香爐（古時候室內多有香爐燻香）歪着頭，眼睛剛一轉動，就被人猜着了心事似的。這時的清照才十八歲，完全沉醉於戀愛之中，心情自然是歡悅的，開朗的。

吳衡照蓮子居詞話：「易安『眼波纔動被人猜』矜持得妙，善於言情。」所評甚佳；把一個旖旎的女子表情，描寫得很傳神。

下片說她滿臉的風月和風韻，眞是風情萬種。於是展開信箋，寫了半張情書，希望在月亮上升，花影移動的良辰美景時，你再來和我約會。充份宣洩出她內心的活動以及對愛情的嚮往和「月上柳梢頭，人約黃昏後」有異曲同工之妙。

這首詞，以邀約情人幽會，來作結語，可以說是坦率眞摯，其夫妻鶼鰈之樂也從字裡行間，表露無遺，讀來如見其人，如聞其聲。

另一首早期的作品——點絳唇，也是描寫少女情懷的，非常細膩生動，可以和這首配合欣賞。

『蹴罷鞦韆（秋千），起來慵整纖纖手。露濃花瘦，薄汗輕衣裳。

見有人來，韈（襪）划金釵溜。和羞走，倚門回首，却把青梅齅（嗅）。』

前片描寫少女打過鞦韆後，整理一下細嫩柔美的手，衣服也汗濕了；突然看到有客人來。匆忙中不及穿鞋，就連襪子貼在地上走。頭上的金釵冷不防滑落狼狽不堪，照理說應該趕快回屋，可是她却靠着門，回過頭，忍不住地嗅一下枝頭上的青梅。充份刻劃了一個少女的活潑、純潔、俏皮、嬌羞、忸怩之態，耐人尋味不已。

詹安泰讀詞偶得：「女兒情態，曲曲繪出，非易安不能爲此。」評論甚是。

另一首早期作品如夢令，充份流露出清照對大自然的喜愛，可以說是婉約派的又一章；其詞如下：

『常記溪亭日暮，沉醉不知歸路。興盡晚回舟，誤入藕花深處。
　爭渡、爭渡，驚起一灘鷗鷺。』

詞中所描繪的歸舟和鷗鷺，非常生動活潑。

王汝弼評曰：「風格剛健清新，和敕勒歌，有異曲同工之妙。」

　一般人提到清照詞，總不外「尋尋、覓覓、冷冷、清清……」或是「非干病酒，不是悲秋」之類淒怨的詞作。殊不知其前期作品，也有不少清新可喜，活潑可愛的小詞，值此紀念李清照九百年誕辰的周年，特介紹幾首不爲人所注意的小詞。

　其中「蹴罷鞦韆」乙首，前人疑爲蘇軾或無名氏之作，但是也有學者乃以爲係出於李清照之手筆。

　在重男輕女的古代社會中，清照詞的成就可以說並不遜於當時的男性詞家。這是可以肯定的。

　根據宋史藝文志的記載：李清照有文集七卷及詞集六卷；遺憾的是，所流傳於後世的詩詞文並不多。

　儘管如此，比起古代才華出衆的女作家（如漢朝的班昭、蔡文姬等），清照算是幸運的了！

（寫於李清照誕生九百周年）

李清照詞賞析·2

・一剪梅：（李清照）

『紅藕香殘玉簟秋，輕解羅裳，獨上蘭舟。
雲中誰寄錦書來？雁字回時，月滿西樓。
花自飄零水自流，一種相思，兩處閒愁。
此情無計可消除，纔下眉頭，却上心頭。』

此調取劉克莊詩：「輕煙小雪孤行路，折贈梅花寄一枝。」古時候，遠地送人，常以梅花一枝相贈，表示相思之意。

這闋詞的作者李清照，號易安居士，山東濟南人。她的出生年代，衆說紛紜，但是經過學者們的考證，認爲以宋神宗元豐七年（一〇八四年）爲準，迄今一九八四年，正好是九百週年誕辰，至於是那月出生的，則不可考。

清照的父親李格非，是當時著名學者，母親王氏也知書能文。由於家學淵源，清照自小便愛好詩文，這是決定她之所以成爲一個大文學家的主要因素。丈夫趙明誠是「金石學」家，夫婦倆志同道合，鶼鰈情深；共同校勘古書、唱和詩詞、鑑賞書畫。北宋末年，金人入侵，清照夫婦南渡避亂。金石書畫也因而喪失殆盡。後來明誠病逝建康，清照孤獨地在江南度過晚年。

她的作品以南渡爲界分前後兩期。

這闋詞算是李清照早期作品之一，語言坦率眞摯，感情深刻細膩。

清照和明誠結婚不久，明誠要上太學讀書，清照便寫了這闋詞，題在錦帕上送他，以寄相思之忱。

黃昇花菴詞選題作「別愁」。伊士珍瑯嬛記載：「易安結褵（婚）未久，明誠即負笈遠遊，易安殊不忍別，覓錦帕書『一剪梅』詞以送之。」全篇傷懷念遠，感情濃摯悲酸。

龍沐勛漱玉詞敍論云：「要之明誠在日，易安固一風流蘊藉之人物，言語文字之間，亦復何所避忌。」所見極是。

這闋詞的一開始，先點出了秋天的蕭條景象。一個冷清的夜晚，粉紅的荷花凋謝了，竹蓆子也使人感到特別涼意。此時，獨自一人換了秋裝，登上木蘭小舟。看到天上的雁羣飛回時，以爲會帶來丈夫的消息，却無半言隻字，只有照滿西樓的月光。後片「花自飄零水自流，一種相思，兩處閒愁。」觸景生情，用字遣詞，不加雕飾，純以白描。

自古文人對於天然的變化，月圓月缺，花開花落，特別敏感，清照也不例外，她在這方面的表現手法，是匠心獨運的。這可從如夢令：「昨夜雨疏風驟……知否？知否？應是綠肥紅瘦。」看出。「月滿西樓」更是襯托出一個思婦的孤寂、冷落、多感。月亮爲什麼老是趁着人們離別、孤獨的時候團圓呢？正如東坡詞：「人有悲歡離合，月有陰晴圓缺，此事古難全。」此時的心情也和李白詩：「我寄愁心與明月，隨風直到夜郎西」一樣。後段以「此情無計可消除，纔下眉頭，却上心頭。」作結，可以說一氣呵成，前後呼應，如同說話一樣，自然明白；無論在意境上、音節上，有着極高的藝術成就。和李後主的「是離愁，別是一番滋味在心頭。」有異曲同工之妙。都是膾炙人口的名句。

像清照這樣一個生活在舊禮教束縛下的女子，竟然敢於擺脫世俗輿論，而

熱情地、健康地，傾訴她的心聲，可以說具有深厚的感染性的。正因如此，清照的詞深受後代女子喜愛的。

現在的小說，電影名字如「月滿西樓」、「才下眉頭，却上心頭。」不就是出於清照的詞句麼？難怪清照在我國的詞史上佔有重要的一席之地！

（寫於李清照誕生九百週年）

李白詩的創作技巧

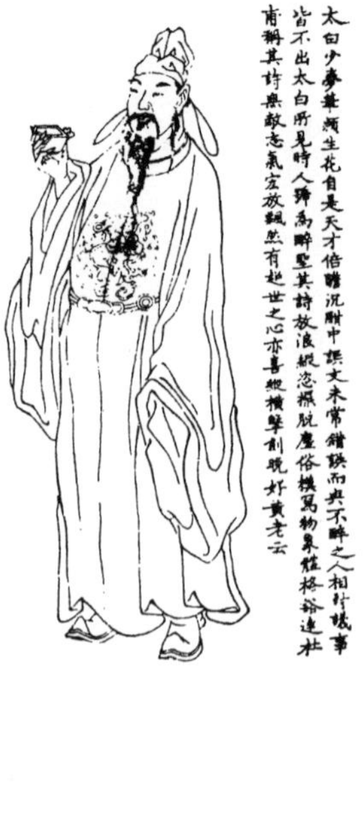

有「詩仙」雅稱的李白，不但是一千多年來最偉大的詩人，而且是中國詩史上罕見的大天才。

李白的詩是豪放詩派的代表，充滿了浪漫主義的色彩。在他的詩歌中，不少以豪情壯志爲題材的。這大概是受到他少年的時候就任俠尚義，喜好劍術的影響。如：

- 贈張相鎬：『撫劍夜吟嘯，雄心日千里。』
- 少年行：『擊筑飲美酒，劍歌易水湄。』
- 贈崔侍御：『長劍一杯酒，男兒方寸心。』

・行路難：『停杯投筯不能食，拔劍四顧心茫然。』

・扶風豪士歌：

『扶風豪士天下奇，意氣相傾山可移……

撫長劍，一揚眉，清水白石何離離。』

由於李白的喜好劍術，曾到峨眉山隱居修道。在他隱居的這段期間，峨眉山的雄奇壯麗，深深地吸引了他。因此，歌頌了許多和「峨眉」有關的詩。如：

・登峨眉山：『蜀國多仙山，峨眉邈難匹……』

・眉山月歌：

『峨眉山月半輪秋，影入平羌江水流。夜發清溪向三峽，思君不見下渝州。』

大概在二十六歲左右，李白離開四川。經過三峽，沿長江到江陵、襄陽的路上，看見不少名山大川，又寫了許多歌頌山河的詩。充分表現出詩人浩瀚無邊的胸襟和豪放的性格。如：

・朝發白帝城：

『朝辭白帝彩雲間，千里江陵一日還。兩岸猿聲啼不住，輕舟已過萬重山。』

・上三峽：

『巫山夾青天，巴水流若茲。巴水忽可盡，青天無到時。

三朝三黃牛，三暮行太遲。三朝又三暮，不覺鬢成絲。』（黃牛：山名）

‧襄陽曲四首之三『峴山臨漢江，水綠沙如雪。上有墮淚碑，青苔久磨滅。』

　　描寫和歌頌壯麗的山河，成爲李白詩歌的特色。他一生的足跡遍歷南北。他看得多，體會得深刻，因此創造出許多優美的山水詩。如：

‧望廬山瀑布之二：

『日照香爐生紫烟，遙看瀑布挂前川；飛流直下三千尺，疑是銀河落九天。』

‧望天門山：

『天門中斷楚江開，碧水東流至北迴；兩岸青山相對出，孤帆一片日邊來。』

‧天門山：

『迴出江上山，雙峯自相對。岸映松色寒，石分浪花碎。
參差遠天際，縹緲晴霞外，落日舟去遙，迴首沉青靄。』

‧白雲歌送劉十六歸山：

『楚山泰山皆白雲，白雲處處長隨君。長隨君，君入楚山裏，雲亦隨君渡湘水。湘水上，女蘿衣，白雲堪臥君早歸。』

　　李白詩歌的內容博大精深，感情一瀉千里。因此，在他的詩歌裏，也大量採用了散文化的詩句。如：

‧將進酒：『君不見黃河之水天上來，奔流到海不復回。』

・宣州謝朓樓餞別校書叔雲：

『棄我去者昨日之日不可留，亂我心者今日之日多煩憂。』

・將進酒：『五花馬，千金裘，呼兒將出換美酒。』

・渡荊門送別：『山隨平野盡，江入大荒流。』

李白詩歌的創作可以說是奔放的，誇張的。他反對做作、華靡，主張突破舊有的形式，而有創新的風格，尤其是在譬喻方面，是相當新穎而大膽的。如：

・將進酒：『黃河之水天上來……』

・蜀道難：『蜀道難，難於上青天。』

・秋浦歌：『白髮三千丈……』

・北風行：『燕山雪花大如席。』

・將進酒：『朝如青絲暮成雪。』

・題峯頂寺：『不敢高聲語，恐驚天上人。』

李白詩歌的另一創作手法是擬人化。所謂擬人化，就是把大自然界的山水草木，都賦以生命，視同友人一般。如：

・獨坐敬亭山：『相看兩不厭，只有敬亭山。』

・勞勞亭：『春風知別苦，不遺柳條青。』

・月下獨酌：『舉杯邀明月，對影成三人。』

・把酒問天：『青天有月來幾時？我今停杯一問之。』

李白詩歌的創作風格是多方面的。朱子語類說得好：『李太白詩不專是豪放，亦有雍容和緩的。』李白自己也說作詩要如「清水出芙蓉，天然去雕飾」。他認爲綺麗不足珍。因此，他的詩歌是通俗的，自然的，平易近人的。如：

・夜靜思：『牀前明月光，疑是地上霜。舉頭望明月，低頭思故鄉。』

這是一首家喻戶曉的五言絕句，可以說是李白詩的代表作。尤其是飄泊異鄉的遊子，在明月當空的秋夜，常喜歡吟誦這首詩。李白是以民歌的手法來寫這首詩，樸素而生動，讓人一讀就明白。其他如：

・綠水曲：『綠水明秋日，南湖採白蘋。荷花嬌欲語，愁殺蕩舟人。』

・春夜洛城聞笛：

『誰家玉笛暗飛聲，散入春風滿洛城。此夜曲中聞折柳，何人不起故園情。』

・黃鶴樓送孟浩然之廣陵：

『故人西辭黃鶴樓，煙花三月下揚州；孤帆遠影碧空盡，唯見長江天際流。』

・春思：

『燕草如碧絲，秦桑低綠枝。當君懷歸日，是妾斷腸時。
春風不相識，何事入羅帷？』

類似這樣如同民歌的詩，眞是不勝枚擧。

總之，李白詩的創作，是別具風格的，有相當高的藝術成就，在中國詩史上佔有很重的份量。他的浪漫色彩，深深影響到後代的詩人。

多產詩人
白居易詩賞析

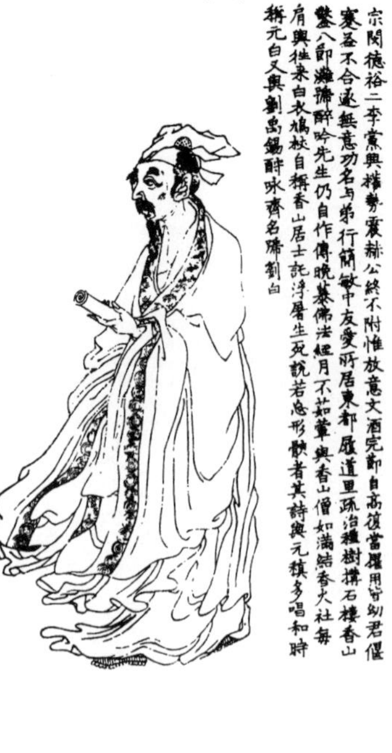

白居易，是唐代有名的白話詩人和社會詩人。儘管中唐時期詩人輩出，可是能以平易近人的語言反映時代的，當以白居易為代表。

白居易（西元七七二—八四六）字樂天，晚年自號「香山居士」，原籍太原，是秦朝大將「白起」的後裔。他生來聰敏絕頂，據說五六歲就學作詩，九歲就諳通做詩的聲律。由於家貧，直到二十七歲才到京師應試，中了進士甲科。

白居易到了京師，經人介紹去拜訪當時大詩人顧況。顧況文名很盛，不輕易推重別人。他看到白居易這麼年輕，以為不會有甚麼詩才，一看到白居易的名字，更諷刺說：『長安百物都貴，你想「居」住，恐怕大大不「易」。』後來讀到白居易「賦得古原草送別」的詩，大驚他的詩才，馬上改口說：『有這麼好的才華，平白居住長安，又有甚麼不易呢？』果然白居易就以這首詩一舉成名。後來他的詩名還超過顧況。他的那首五言律詩是：

『離離原上草，一歲一枯榮。野火燒不盡，春風吹又生。遠芳侵古道，晴翠接荒城。又送王孫去，萋萋滿別情。』

其中三四句，尤其顯出他的才思橫溢。這兩句詩的意思是形容草是永不枯竭的，比喻新生的事物怎麼也撲滅不了，即使暫時受到壓抑，到了一定時機，又會興旺起來。

白居易生長的時代，正是社會動盪不安的時代。年輕的時候因爲避亂，過着顚沛流離的生活，體會到一般百姓的疾苦，對他後來的創作有深厚的影響。許多反映現實的樂府詩，就是這時期產生的。他和「元稹」的詩風相近，由他們創造出的新樂府，一時號爲「元和體」。白居易的「白氏長慶集」中的「秦中吟」十首，以及「新樂府」五十首，都成於此時。他和元稹的文學理論是：『文章合爲時而著，歌詩合爲事而作。』他們認爲文學的任務，不只是追求藝術形式，最重要的是要使它具有社會功能和敎育意義。譬如他的一首「慈烏夜啼」，就是藉着詩諷刺世上那些不知孝道的人。原詩如下：

『慈烏失其母，啞啞吐哀音。晝夜不飛去，經年守故林。
夜夜夜半啼，聞者爲沾襟。聲中如告訴，未盡反哺心。
百鳥豈無母，爾獨哀怨深。應是母慈重，使爾悲不任。
昔有吳起者，母歿喪不臨。嗟哉斯徒輩，其心不如禽。
慈烏復慈烏，烏中之曾參。』

這首詩意象鮮明，語意淺近，以「慈烏」的知恩反哺提出警惕作用。「慈烏」在失去母親後，不斷地發出啞啞的啼哭聲，只因爲深切地懷念母親的一切。

他的詩歌上，儘量通俗化，使老少都能懂。另外一首「除夜寄弟妹詩」，寫得非常感人。其詩如下：

『感時思弟妹，不寐百憂生。萬里經年別，孤燈此夜情。
病容非舊日，歸思逼新正。早晚重歡會，羈離各長成。』

其中三四兩句充分流露出異鄉遊子的孤寂悲痛。作者在除夕夜裏，獨自面對孤燈，格外思念相隔萬里的弟妹們，使人體會到作者內心的悽愴和感傷。

白居易最有名的樂府詩就是取材於唐玄宗和楊貴妃的愛情故事「長恨歌」，可以說盛行一時。「唐憲宗」即位後，很欣賞白居易的這首長恨歌，便把他召回京師，升他爲翰林學士，不久又做了「左拾遺」（諫官）。

在「長恨歌」中，白居易對唐玄宗的荒淫誤國，作了強烈的批評和諷刺。

同時又對貴妃悲劇性的結局，寄以同情和憐憫。整個故事佈局謹嚴，語言通俗，形象鮮明，是長恨歌的藝術特色。尤其最後講述唐明皇和楊貴妃七月七日，在長生殿夜半無人的時候，兩人表示願生生世世結爲夫妻，永遠相愛的誓詞，成了後世男女戀愛時候的歌頌詩句。

這四句詩句就是：『在天願作比翼鳥（古代傳說中的鳥叫鶼鰈，據說這種鳥只有一目一翅，雄雌並在一起才能飛），在地願爲連理枝（異本的樹木，其枝連在一起的，古人以爲祥瑞）。天長地久有時盡，此恨綿綿（連綿不斷）無絕期。』

元和九年，白居易改任贊善大夫（諷諫太子過失）。這期間，由於他仗義執言，只問是非，不顧利害的結果，得罪不少人。很多妬忌他的人，也乘機中傷他，元和十年，被貶江州（今江西）司馬。他寫了有名的「琵琶行」，比起「長恨歌」，更具有現實的意義。作者以同情的筆調，把一個「門前冷落車馬稀，老大嫁作商人婦」的琵琶女的生活，生動地描寫出來。

「同是天涯淪落人，相逢何必曾相識」，白居易是個多情的詩人，由於同病相憐，便寫了這篇敍事詩。寫商婦的悲哀，也是自己的身世。這首詩的藝術特色，是充分運用優美明快和富於音樂感的語言，再加之以蕭瑟淒涼的秋天景象作陪襯，成了一篇美麗動人的詩篇。

長恨歌和琵琶行，可以說是具有感染性的作品，被後人改爲小說、戲曲、彈詞，影響很大。

憶江南㈠ 白居易

江南好，風景舊曾諳，
日出江花紅勝火，春來江水綠如藍，
能不憶江南！

憶江南㈡ 白居易

江南憶，最憶是杭州，
山寺月中尋桂子，那亭枕上看潮頭，
何日更重游？

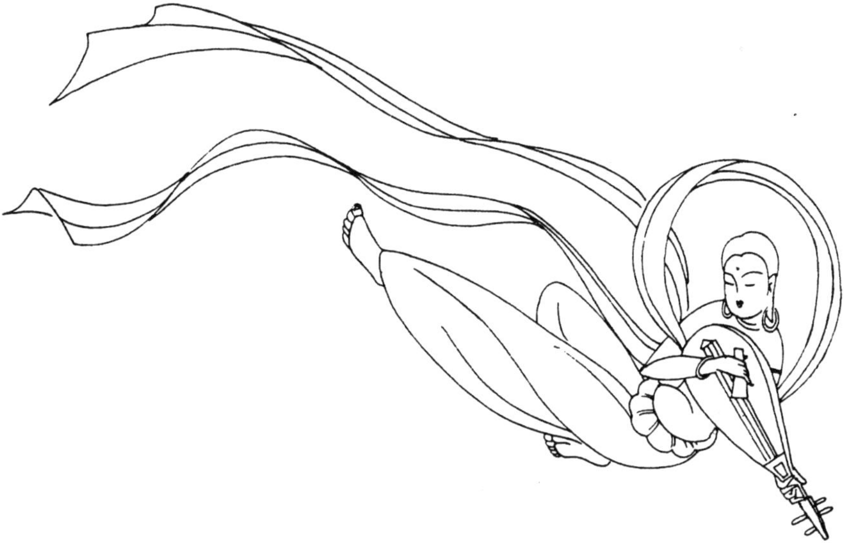

杜甫詩賞析

古代詩詞中，以王昭君的故事爲題材的很多，其中以杜甫的詠懷古跡其三最爲有名：

『羣山萬壑赴荊門，
生長明妃尚有村。
一去紫臺連朔漠，
獨留青塚向黃昏。
畫圖省識春風面，
環佩空歸月夜魂。

千載琵琶作胡語，
分明怨恨曲中論。』

王昭君的一段哀怨感人的「和番」史話，千百年來，在民間流傳着，後人根據史話，寫了許多小說、戲曲、詩歌。

杜甫的這首詩，是從漢明妃王昭君的故鄉秭歸（即古歸州）寫到昭君的身世，尤其七八兩句，含意特別深遠，讓人低迴不已。可以說杜甫借着懷古，來感嘆自己的不幸遭遇，文士美人，同樣地懷才不遇，身世寂寞淒涼，令人深表同情。

王昭君，名嬙，湖北秭歸人。漢元帝宮女，西元前三十三年，元帝和匈奴和親，將王昭君嫁給呼韓邪單于，號寧胡閼氏。晉時候爲避司馬昭諱，改稱明君，也稱名妃。昭君村在秭歸東北四十里。

關於昭君的故里，在郭嗣汾的近著「白雲千載空悠悠」中，有很詳細的介紹，郭先生曾親歷其境。據「白」書記載：「由秭歸縣，再東行即到香溪。香溪就是本詩中題咏的王昭君的故鄉。詩首句「羣山萬壑赴荊門」據一統志記：『昭君村在荊州府歸州東西四十里。』香溪因爲出生了這一位絕代佳人，後人又名昭君溪。溪中有清潭，名爲珍珠潭，相傳爲昔時昭君滌妝處，因滌妝的時候遺珠其中，因名。溪上有玉虛洞。陸羽品水記：『玉虛洞下香溪爲天下第十四泉。』

香溪入長江口之旁，有昭君廟，但因年代久遠，廟已頹廢不堪，令人爲一位絕代紅顏抱屈。

關於昭君的故事，有不同的說法，這首詩可能是根據「西京雜記」所記載的。

大意是說：漢元帝只憑畫像來辨認宮女的容貌，宮女多賄賂畫師毛延壽，而王昭君自認貌美，不肯行賄，畫師故意把她畫得很醜，因此始終得不到元帝的青睞。後來匈奴和漢和親，元帝就把她下嫁給匈奴。直到她去之前，元帝召見她，才發現她的美貌是後宮第一。元帝發現了眞相，悔恨異常，一怒之下，把畫工毛延壽殺了。

後來王昭君鬱鬱不樂，死在北方的沙漠地帶。胡人尊敬她，替她築了高十五丈的墳墓，如丘陵一般。墓地在今內蒙古一帶的呼和浩特城南二十里，相傳邊地一片荒蕪，大都爲白草，只有昭君墓呈青色，所以叫「青塚」。

環佩，是指婦女戴的佩玉，這裏借指王昭君。昭君死在匈奴，不得歸漢，只有她的魂魄在月夜中回來。

「千載琵琶作胡語，分明怨恨曲中論」，這兩句是說王昭君雖然已經死了，但是她的怨恨却流傳千載。傳說昭君在匈奴作有思怨的歌曲，今琵琶和琴曲中的「昭君怨」，就是敍說昭君的淒涼身世。

・江淹（文選）的別賦中也說：

『明妃去時，仰天太息。紫臺稍遠，關山無極。』

從紫闕宮苑，遠適黃沙一片的塞外，其心境之苦悶、寂寞，是可想而知的。

琵琶，原是西北少數民族的樂器，昭君所彈奏的琵琶，應該是胡曲，所以說「作胡語」。曲中論，就是說她內心的哀怨在曲中表達出來。

清人沈德潛說：『咏昭君詩，此爲絕唱。』一點也不錯。

杜詩的創作技巧

杜甫（西元七一二—七七〇）的詩歌創作，眞實而生動地反映了他那個時代的政治、經濟和社會的面貌。因此，後人稱他的詩歌爲「詩史」。杜甫的詩歌內容是多方面的，大至壯麗的山河，小至蟲鳥花木，不但表現強烈的現實主義，而且具有悲天憫人，憂國愛民的愛國意識。他所留傳下來的詩歌，多達一千四百多首，句句是金石之聲，後人又稱他爲「詩聖」。

他的詩歌寫作態度是認眞嚴謹的、勤學苦練的、嘔心瀝血的。他自己說過「語不驚人，死不休」的話，正是他的創作理論。他的詩歌具有嚴格的格律，深刻的表現，以及雄厚的氣魄。

就以「春望」這首詩歌來說，無論是思想內容，藝術形式，都得到高度的結合。

．『國破山河在，城春草木深。感時花濺淚，恨別鳥驚心。
烽火連三月，家書抵萬金。白頭搔更短，渾欲不勝簪。』

詩人在春天的季節，眺望長安的景色，看見山河依舊，國家却還在異族的統治下，心情是沉痛的，憂鬱的。草木深的「深」字，山河在的「在」字，充分表達了詩人對祖國一草一木的深情熱愛。

「情動於中而形於言」，一個詩人不僅需要細微的觀察力和精湛的藝術眼光，而且還要具有豐富的、易於被外物激起的熱情。

這首詩，一開始就具有強烈的感染力，主要是因爲作者的豐沛感情注入到詩歌之中。

三四句的「花濺淚」、「鳥驚心」，是承首句「國破」而來。春天的花，是迷人的，鳥是快樂的，但是由於國破的背景下，花也因爲感嘆時局而落淚，鳥也因爲痛恨離別而心驚。換句話說，春天的花兒、鳥兒都失去了原來的顏色和聲音。這兩句也可以說作者的感時傷事而落淚，聽到杜鵑鳥的啼叫「不如歸」而動了心，無論如何，物和人都融合在一起了。

接下去，每句的頭兩字，如：「感時」、「恨別」、「烽火」、「家書」、「白頭」，都是從第一句的「國破」而來。由此可窺出作者在詩歌上造句之精鍊，功力之深厚。

尤其是在修辭方面如動詞、形容詞的運用恰當，活潑生動地描繪了詩的情景。如：即「從」巴峽「穿」巫峽，便「下」襄陽「向」洛陽。（聞官軍收河南河北）

——車「轔轔」，馬「蕭蕭」，行人弓箭各在腰。（兵車行）

——星「垂」平野「闊」，月「湧」大江「流」。（旅夜書懷）

——「穿」花蛺蝶「深深」見，「點」水蜻蜓「款款」飛。（曲江對酒）

——「細」雨魚兒「出」，「微」風燕子「斜」。（水檻遣心）

——詞源倒「傾」三峽水，筆陣獨「掃」千人軍。（醉歌行）

——「顛狂」柳絮隨風「舞」，「輕薄」桃花逐水「流」。（漫興絕句）

——「無邊」落木「蕭蕭」下，「不盡」長江「滾滾」來。（登高）

杜詩在修辭上下了很大功夫，尤其是形容詞、動詞的運用恰當，使得詩歌更形生動如畫。以上所舉的詩中的動詞「穿」、「向」、「垂」、「湧」、「出」、「斜」、「傾」、「掃」、「舞」、「流」、「下」，以及形容詞「轔轔」、「蕭蕭」、「深深」、「款款」、「顛狂」、「輕薄」、「蕭蕭」、「滾滾」等。

杜甫那種勤於學習，細心修改的嚴肅寫作態度，是值得我們效法的。他的詩，可以說是集古典詩歌的大成，似乎無一句不是經過千錘百煉而成，足以為後代詩人的典範。

陸游詩詞賞析

・釵頭鳳：（陸游）

『紅酥手，黃滕酒，滿園春色宮牆柳。
東風惡，歡情薄，一懷愁緒，幾年離索。錯，錯，錯！
春如舊，人空瘦，淚痕紅浥鮫綃透。
桃花落，閒池閣，山盟雖在，錦書難託。莫，莫，莫！』

這首詞，相傳是陸游年輕時候爲他的前妻唐婉表妹而寫，纏綿悱惻，是陸游「豪放派的另一章。

陸游，字務觀，號放翁（一一二五—一二一〇）越州山陰人（今浙江紹興

）。他是南宋的愛國詩人，在仕途上，不斷受到打擊和排斥。早年因堅持抗金，主張恢復中原，爲秦檜所嫉。秦檜死後，高宗紹興二十八年，才被任命爲主簿。後來又做爲樞密院編修、通判等官職。他一生所做的幾乎都是幕僚的工作；但是軍中生活，充實了他文學的內容。晚年隱居山陰故居，窮困潦倒，直到死。去世時八十六歲，是詩人中活得最長的。

他一生的精力，花在詩歌方面，是南宋最傑出的詩人，和尤袤、楊萬里、范成大合稱南宋四大家，而造詣在三人之上。他的詩充滿了愛國的熱忱，尤其是恢復中原的願望，至死不渝，這可從他寫給兒子的遺囑中看出：

『死去原知萬事空，但悲不見九州同；王師北定中原日，家祭毋忘告乃翁。』

陸游的詞作不如詩多，流傳於世的放翁詞，只有一百多首，但是風格很高，有慷慨激昂的，有飄逸高妙的，同時還有哀艷婉約的。

這一首紅酥手，就是屬於兒女情長，哀怨感人的詞作。根據周密齊東野語載：「陸游與唐婉離異後，（陸母不喜歡這個媳婦，被迫分離）唐改嫁趙士程，陸也另娶（王氏爲妻），有一次陸游春日出遊，在紹興禹跡寺南的沈園相遇。唐婉得趙士程同意派人送酒給陸游，陸游非常傷感，在園壁上題了一首「釵頭鳳」。相傳唐婉看見之後，也和了一首詞：

『世情薄，人情惡，雨送黃昏花易落，曉風乾，淚痕殘，欲箋心事，獨倚斜闌，難，難，難！

人成各，今非昨，病魂嘗似秋千索，
角聲寒，夜闌珊，怕人尋問，咽淚裝歡，瞞，瞞，瞞！」

更是淒苦，令人不忍卒讀。唐婉這首詞寫完不久，便憂鬱而死。

　　四十年後，陸游舊地重遊，不能勝情，又寫了兩首著名的沈園詩：

『城上斜陽畫角哀，沈園非復舊池臺，傷心橋下春波綠，曾是驚鴻照影來。』

『夢斷香銷四十年，沈園柳老不吹綿。此身行作稽山土，猶弔遺蹤一泫然。』

眞是大有景物依舊，人事全非之感。

　　直到八十四歲，兩鬢斑白的陸游，仍念念不忘他和唐婉的一段姻緣，還特地來到沈園憑弔一番，並寫了一首哀怨的春遊詩：

『沈家園裏花如錦，半是當年識放翁，也信美人終作土，不堪幽夢太匆匆！』

多情的陸游，終於在宋寧宗嘉定三年春天（西元一二一〇年），與世長辭。他對唐婉的一往情深，自始至終，成爲文壇上的一段佳話。

毛晉云：「放翁釵頭鳳一事，孝義兼摯，更有一種啼笑不敢之情於筆墨之外，令人不能讀竟。」

　　關於這首詞，究竟是否陸游寫給唐婉，近人夏承燾認爲「釵頭鳳」詞艷，不合唐氏身分。「宮牆柳」一語，不合山陰環境，「東風惡」，如指其母，亦復可疑，疑這首非題沈園詞，而爲陸游在蜀贈妓之作。

不過文學，總是比較誇張，有時是借題發揮而不一定與事實相吻合。一般的詞選，仍以爲這首詞作，是寫給唐婉的。紅酥手，是指紅潤又白又嫩的手，可能是指唐婉的手，表示陸游對唐婉的癡情（不過送酒的，並非唐婉本人）。宮牆柳，是喻唐婉已嫁人，如同宮禁內的楊柳，可望而不可及。

唐婉原是陸游的元配夫人，原是一對恩愛夫妻，過著神仙般的生活，不幸偏偏這個媳婦得不到婆婆的歡心，終至被迫兩相分離。

在沈園，兩人久別重逢，唐婉回想往事，不禁唏噓。沾滿脂粉的淚水，早已濕透了羅帕。鮫，是神話中的美人魚，在海底織的絲巾，叫鮫綃。

如今唐婉已改嫁同郡趙士程，做了趙家的媳婦，而過去的海誓山盟，言猶在耳，只是所寫的書信已無法寄出，唉！只有作罷，只有作罷！這首哀怨纏綿的詞作，眞是一字一淚，感人肺腑。

至於這首詞的本事，歷代詩餘卷一百十八引夸娥齋主人則云：「陸放翁娶婦，琴瑟甚和，而不當母夫人意，遂至解褵。然猶餽遺殷勤，嘗貯酒贈陸，陸謝以詞，有『東風惡，歡情薄』之句，蓋寄聲釵頭鳳也。婦亦答詞云：『世情薄，人情惡』未幾，以愁怨死。」不過，根據陸游的許多詞看來，似乎周密的齊東野語所載較可靠。

沈園，這眞是一個使陸游終身低迴不已，夢魂縈繞的地方。他在八十一歲那年的歲暮（宋寧宗開禧乙丑年），就曾夢遊沈園，醒後傷感不已，於是作兩絕句：

『路近城南已怕行，沈家園裏更傷情。香穿客袖梅花在，綠醮寺橋春水生。』

『城南小陌又逢春，只見梅花不見人。玉骨久沈泉下土，墨痕猶鎖壁間塵。』

其中「只見梅花不見人」句，不就是指的唐婉嗎？眞是大有「梅花依舊開，人事已全非」之感。

從這些與沈園、唐婉有關的詩詞看來，陸游不但是一位愛國詩人，而且也是多情的詩人啊！

訴衷情　　　　陸游

當年萬里覓封侯，疋馬戍梁州。
關河夢斷何處，塵暗舊貂裘。
胡未滅，鬢先秋，淚空流。
此生誰料，心在天山，身老滄洲。

秦觀詞賞析

・江城子：（秦　觀）

『西城楊柳弄春柔，動離憂，淚難收，猶記多情，曾爲繫歸舟。
碧野朱橋當日事，人不見，水空流。
韶華不爲少年留，恨悠悠！幾時休？飛絮落花時候一登樓，
便做春江都是淚，流不盡，許多愁。』

本調又名水晶簾，係取歐陽炯詞：「空有姑蘇臺上月，如西子鏡照江城」句。

這闋暮春懷人之詞，爲宋秦觀所作。秦觀字少游，揚州高郵人，少豪雋、慷慨溢於文詞。東坡稱他有屈原，宋玉之才。他做過國史館編修官。一生宦途

不得志，曾因元祐黨禍的連累，貶至杭州、雷州、柳州等地，死於藤州。

他的詞風格淒婉、清麗，和李煜、柳永詞比較接近。有「淮海居士長短句」詞集。這闋詞就是他婉約詞之代表，共七十字，分前後兩片。

三月裏，看到西城楊柳樹上新發出的嫩枝細葉，在微風中輕輕搖曳，不禁淚眼撲簌，觸動了離情的愁緒。

「一絲柳，一寸柔情。」那細柔的柳絲，正代表了情人的寸寸情意和無盡的依啊！

猶記每次回來見面時，情人爲我把歸舟繫緊；如今又是一年了，原野的草依舊綠，橋欄依舊紅，景物依舊，人兒不見，只有無情的水空自流着。

在這柳絮隨風飄散的季節，深感少年時光的不再。登樓四望，天涯海角，渺渺茫茫，更是悲從中來。自古多情人爲情而苦、爲情而愁的不知多少？

望着一江的春水，就算全變成自己的淚水，也流不完心中的愁緒。眼淚流得再多，也流不完心中的悲苦。

正如晏殊木蘭花詞中所描寫：「……無情不似多情苦，一寸還成千萬縷。天涯地角有窮時，只有相思無盡處。」都是歌頌了愛情的眞摯可貴。

秦觀的作品裏，大都以相思離別、去國懷鄉的題材爲主。

至於去國懷鄉的，寫得也很抒情。譬如憶仙姿詞：「遙夜沉沉如水，風緊驛亭深開，夢破鼠窺燈，霜送曉寒侵被。無寐無寐，門外馬嘶人起。」這闋詞是作者貶謫遠方，在旅途中所作。從詞中的「風緊」、「夢破」、「鼠窺燈」可以想見天涯游子在旅店中的淒涼蕭條。

長夜的失眠，正要闔眼時，天已亮；門外的馬在嘶叫，只有開始了明日的旅程。這滋味又和東坡的永遇樂詞：「……天涯倦客，山中歸路，望斷故園心眼。」相似。自古文人多感多情，少游也不例外，他的詞可以說篇篇淒楚動人。如「自在飛花輕似夢，無邊絲雨細如愁。」「兩情若是久長時，又豈在朝朝暮暮。」「夜月一簾幽夢，春風十里柔情。」都是有名的詞句。

鵲橋仙

秦觀

纖雲弄巧，飛星傳恨，銀漢迢迢暗度。
金風玉露一相逢，便勝却人間無數。
柔情似水，佳期如夢，忍顧鵲橋歸路？
兩情若是久長時，又豈在朝朝暮暮。

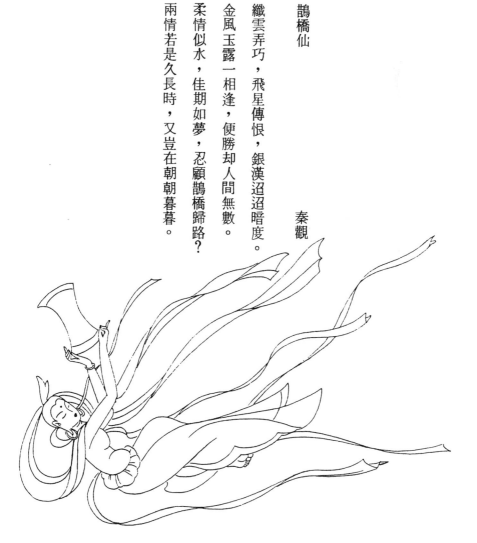

鬼才李賀詩賞析

李賀（西元七九〇到八一六）字長吉，河南昌谷人，和詩人賈島同時。他出身於沒落貴族家庭，只活了二十七歲，是唐朝最年輕的詩人。他整個少年時代都在洛陽度過。到十七歲，才離家外出，曾在長安做過一名小官，鬱鬱不得志。雖然如此，可是在他短暫的一生中，却創造了大量的詩歌。他用整個的生命來作詩、歌唱。他是個傑出的、具有獨創性的天才詩人。他的想像奇特，意境幽冷，造句險拗，對後代詩人在藝術的構思上，產生很大的影響。

由於他少年氣盛，才華橫溢，在當時很受到詩壇的矚目，獲得「天才詩人」的稱號。

稱李賀爲「鬼才」，是由於他想像離奇荒誕，又具有神祕的色彩。如「蘇小小墓」這首詩，本來是描寫一片墓地景色，以及詩人憑弔時候的情感。但是由於他想像豐富，異想天開地把這個南齊時候的錢塘名妓蘇小小的美麗精靈和墓地的一草一木都融合在一起，使原本死氣沉沉的墓地頓時生動起來，產生一種震撼。其原詩如下：

『幽蘭露，如啼眼（如許多悲傷的眼淚）。
無物結同心（用花草或其他東西結成，表示愛情如一的飾物。），
煙花不堪剪（指鬼花如煙似霧，虛幻不定）。
草如茵（綠毯），松如蓋（傘）。
風爲裳，水爲珮（佩在腰間的玉器，行走的時候會叮噹發出響聲）。
油壁車（用油布覆蓋的車廂），夕相待。
冷翠燭（燐火），勞光彩（不辭辛勞地給她照路）。
西陵下（今杭州西冷橋一帶），風吹雨（墓地的淒涼景）。』

這首詩，作者充分發揮了對蘇小小的墓地景色的獨特幻想力。

此外，也有一些積極意味的詩。如「致酒行」是詩人在窮困潦倒中，借酒消愁，酒店主人向他敬酒時候的一番勸勉，引起詩人的感悵：『年輕人應該有登天拿雲的遠大抱負，不是在陰暗角落裏自嗟自嘆。』原詩如下：

『零落棲遲（停頓）一杯酒，主人奉觴（酒器）客長壽（祝客官長壽）。……
我有迷魂招不得，雄雞一聲天下白（天地突然大亮）。
少年心事（理想）當拏（拿）雲，
誰念幽寒坐鳴呃？（誰去同情那躲在角落悲嘆的可憐蟲呢？）』

這首詩的末兩句特別具有勸勉的作用。「當」字，表現了對立志的堅定。「拏雲」是志向的高大，說明少年人當胸懷大志，有摘天上白雲的萬丈豪情。少年時代，是人生的黃金時代，如果蹉跎歲月，終日嬉戲，等到韶華逝去，追悔傷悲也來不及了。

從以上介紹的兩首詩來看，李賀的詩是與衆不同的。

他的詩繼承了「楚辭」和「古樂府」的一些優點，創造了自己獨特的藝術性。晚唐詩人杜牧、李商隱、溫庭筠，都受到李賀詩的影響。杜牧曾爲李賀詩作序，李商隱爲李賀作傳。溫庭筠的詩和詞，詞藻的華麗，是李賀詩的進一步發展。

唐代的邊塞詩賞析

・登鸛鵲樓：

『白日依山盡，黃河入海流。欲窮千里目，更上一層樓。』（王之渙）

這首五言絕句，是描寫作者登到鸛鵲樓時，極目四望，所看到的景物；傍晚時，太陽沿着西邊的山頭漸漸落下，而東邊正是滾滾黃河波濤洶湧地直向大海奔去。第一句形容山的高峻，第二句形容河的壯麗，構成一幅很生動的畫面。

後兩句，是說明作者雖然所站的地點，已經很高了，但是如果要看得更遠的景物，那就必須再上層樓。

「欲窮千里目，更上一層樓」是兩句名言，一般人常用來鼓勵別人在完成一段學業後，還要不斷地努力上進。因爲學海無涯，人生的道路永無盡頭，要站得高，才看得遠。如果一個人想迎頭趕上別人，就得立下更高更遠的目標，藉以鞭策自己。

鸛鵲樓，舊址在今山西省永濟縣上。據說有三層。鸛，音ㄍㄨㄢˋ。鸛鵲是水鳥名。相傳這種鳥常在那座樓上棲息，所以叫鸛鵲樓。

作者王之渙（西元六八八——七四二），唐并州（今山西省太原縣）人。他擅長寫邊塞雄偉風光的詩，可惜流傳下來的很少。

除了這首登鸛鵲樓外，涼州詞也是他的代表作品。詩云：『黃河遠上白雲間，一片孤城萬仭山。羌笛何須怨楊柳，春風不度玉門關。』

這首詩充分描繪出邊塞的荒涼景象。前兩句奔放雄偉，氣象萬千；後面兩句說明了征夫的悽苦，羌笛何必幽怨地吹着「折楊柳」這一首離別的哀怨曲子呢？那柔和的春風，是吹不到玉門關來的。

玉門關，在今甘肅省敦煌縣境，是當時涼州最西境，這是作者初入涼州（今甘肅省武威）時所作。

涼州詞又名涼州歌，古樂曲名。原爲涼州一帶的歌曲，唐代詩人多用此調作歌詞，描繪邊塞風光和戰鬥的情景。如王翰的涼州詞：『葡萄美酒夜光杯，欲飲琵琶馬上催。醉臥沙場君莫笑，古來征戰幾人回？』

寥寥四句的七絕，呈現着這麼雄偉的氣魄，這正是唐代邊塞詩的最大特色。

邊塞詩中以描寫將士英勇氣概的，要算王昌齡的出塞和從軍行了：

『秦時明月漢時關，萬里長征人未還。
但使龍城飛將在，不敎胡馬度陰山。』（出塞）

『青海長雲暗雪山，孤城遙望玉門關。
黃沙百戰穿金甲，不破樓蘭誓不還。』（從軍行）

從軍行中的樓蘭，是漢時西域的鄯善國，在今新疆鄯善縣東南一帶地方，這裏用「樓蘭」泛指侵擾西北地區的敵人。

這首詩是描寫將士們奮勇殺敵，以身報國的決心。充滿了慷慨激揚的情懷；曾已身經百戰，鐵甲磨穿，但如不能擊破敵人，絕不還歸本土。

總之，王之渙也好，王翰也好，王昌齡也好，他們的詩歌都是寫實的，是反映時代的，在詩歌中佔有極重要地位。

塞下曲(一)　盧綸

林暗草驚風，將軍夜引弓；
平明尋白羽，沒在石稜中。

塞下曲(二)　盧綸

月黑雁飛高，單于夜遁逃；
欲將輕騎逐，大雪滿弓刀。

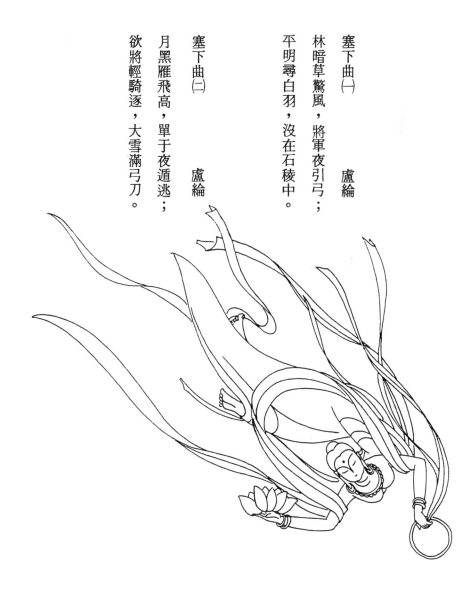

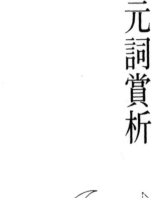

上元詞賞析

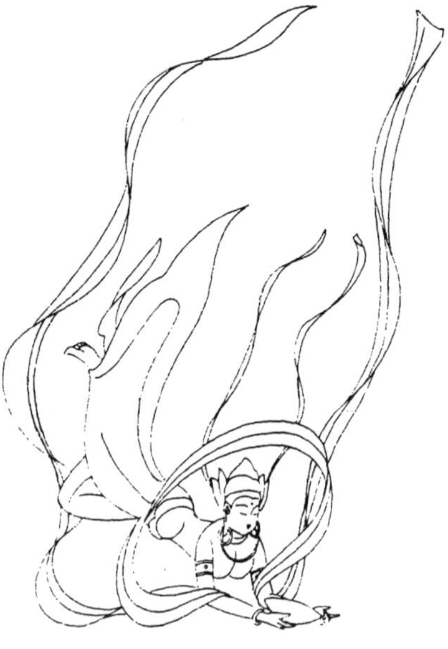

・青玉案：（元夕・辛稼軒）

『東風夜放花千樹，更吹落星如雨。寶馬雕車香滿路。
鳳簫聲動，玉壺光轉，一夜魚龍舞。蛾兒雪柳黃金縷，笑語盈盈暗香去。
衆裏尋他千百度，驀然回首，那人却在，燈火闌珊處。』

這闋描寫元宵燈市的詞，寫得非常生動。尤其描寫花燈以及看燈的人，令人有身歷其境之感。不僅是寫景，而且也流露了作者的情懷，可以說是豪放詞的另一章。作者爲辛稼軒（棄疾）。

正月十五叫上元，上元的晚上叫元夕，元宵或元夜，「花燈」是其中不可少的項目。尤其在花燈展示會，或是燈謎晚會上，可說是萬人空巷、車水馬龍，是從正月初一到十五，最重要的一個節日。花燈造型，大都以十二生肖，或民間的傳說爲主要題材。看花燈，更成了我國傳統的習俗。在農業社會裏，秋收冬藏之後，就是忙着過年，一直過到正月十五才算結束。正月十五的舊俗是夜張燈爲戲。故亦稱之爲燈節。東京夢華錄：「正月十五日元宵，大內前紋縛山棚，游人集御街兩廊下，歌舞百戲，鱗鱗相切，樂聲嘈雜十餘里。」可想其熱鬧之情景。

至於爲何小孩要提燈籠而不是大人；傳說，在古代的私塾，放年假一直放到正月十五，才上課。在上課的這天，每個學生都要提一盞小燈到學堂，請私塾老師替他點火。然後提着燈，大街小巷遊行一番，以象徵他的前途光明遠大，也就是「開燈」的意思。由於社會結構的變遷，現在已不行這一套了。但是，每年元宵節仍有許多藝人或商人，用智慧巧思，透過靈活雙手，扮出許多形形色色別出心裁的花燈，吸引了成千上萬的觀衆。

這闋詞的首段「花千樹」「星如雨」「魚龍舞」都是描寫燈火。接下去寫兩種看燈的人，一種是坐「寶馬雕車」的貴族婦女；一種是平民女子，都不是作者所要尋找的人。「玉壺」，是指精美的燈。武林舊事元夜條：「燈之品極多，每以蘇燈爲最。……其後福州所進，則紙用白玉，晃耀奪目，如清冰玉壺，爽徹心目。」「魚龍」，謂魚形，龍形之燈。夏竦上元觀燈詩：「魚龍漫衍六街星，金鎖通宵啓玉京。」蛾兒雪柳黃金縷」武林舊事：「元夕節物，婦人皆帶珠翠、鬧蛾、玉梅、雪柳」，都是婦女頭上的飾物。黃金縷，就是如柳似的金絲。

前段的熱鬧場面正好烘托出後段作者的孤寂。正是這闋詞安排巧妙的地方。王國維人間詞話批評得好：古今成大事業大學問者，必經過三種境界：「昨夜西風凋碧樹，獨上高樓，望盡天涯路。」此第一境也。「衣帶漸寬終不悔，爲伊消得人憔悴。」此第二境也。「衆裏尋他千百度，驀然回首，那人卻在，燈火闌珊處。」此第三境也。此等語皆非大詞人不能道……。「那人」正是作者自己人格的象徵，梁啓超說得好：「自憐幽獨，傷心人別有懷抱。」這闋詞用燈火來烘托看燈的人，再用兩種看燈的人來烘托「那人」，可以說是運用了一種特殊的手法，來加深讀者的深刻印象。境界之高，在於「那人」，究竟是什麼樣的人，只有讀者自己去體會。

正月十五，是新年的頭一個月圓之夜，也是團圓之夜，這天家家戶戶都要吃元宵，以象徵團圓日的意思。「每逢佳節倍思親」也給許多聚了又分的戀人，帶來無限相思，譬如這闋膾炙人口的生查子：

『去年元夜時，花市燈如畫。月上柳梢頭，人約黃昏後。
今年元夜時，月與燈依舊。不見去年人，淚濕春衫袖。』

這闋詞一說是朱淑眞作，一說是歐陽修作，不管究竟爲誰所作，它都是一首情景交融，感人肺腑的好詞。

作者回憶去年元夜，花市燈如畫，風光旖旎和情人相會的情景；而今年元夜，風光如舊，却不見伊人，是令人何等的惆悵啊？

尤其是「月上柳梢頭，人約黃昏後。」兩句一直爲後世的青年男女所歌詠着。另外姜白石也有一闋題爲「元夕有所夢」的詞鷓鴣天，也是懷人之作，和前兩首可以配合欣賞：

『肥水東流無盡期，當初不合種相思。夢中未比丹青見，暗裏忽驚山鳥啼。
春未綠，鬢先絲。人間別久不成悲。誰敎歲歲紅蓮夜，兩處沈吟各自知。』

這闋詞充分流露了作者對以前在合肥時所遇到的情人念念不忘。尤其是在正月十五，月圓之時，「日有所思，夜有所夢」，在這元夕燈夜，作者夢到了過去的情人，却又似眞似幻，因爲這夢中相逢，令人恍恍惚惚，不如一幅圖畫來得清晰。

次段則更進一層說明作者爲了相思而兩鬢斑白，尤其在這新歲之夜，燈火燦爛的時刻。作者的多情亦由此可知。「紅蓮」也是花燈之一種。

根據這三闋詞來看，作者都是運用了陪襯、對比的手法，來描寫上元節時，自己的情懷，令人低詠不已。

民歌·情歌賞析

・卜算子：（李之儀）

『我住長江頭，君住長江尾，日日思君不見君，共飲長江水。
此水幾時休？此恨何時已？但願君心似我心，定不負相思意。』

此調在北宋時盛行，雙調，四十四字，上下片各兩仄韻。兩結亦可酌增襯字，化五言爲六言句，於第三字句。

這是一首模仿民歌寫成的詞，作者是李之儀。李之儀字端叔，自號姑溪居士，滄州無棣（今山東縣名）人。宋神宗時進士。做過樞密院編修官（今之撰述工作），有姑溪詞。

毛晉云：「姑溪詞多次韻，小令更長於淡語、景語、情語，至若『我住長江頭』這首直是古樂府後語矣。」這首詞，可以和古樂府上邪配合著讀，其詞如下：

『上邪！我欲與君相知，長命無絕衰，
山無陵，江水爲竭，冬雷震震夏雨雪，天地合，乃敢與君絕。』

都是運用了民間樸素的語言，大膽的想像，明快地表達對愛情之堅貞。

上邪這首是絕好的情歌，是一個少女對愛情所發出的誓詞。詞中用了五樣絕不可能發生的事情，來襯托出其堅貞的愛情：「……除非高山變成平地，除非江水乾涸，除非冬天打雷，除非夏天下雪，除非天地合併——否則我絕不與你斷絕。」以現在的話說，就是地老天荒不了情之意，其想像力非常豐富，語意十分直率，而情感又十分深厚。

唐朝的一首在民間流傳甚廣的愛情詞菩薩蠻，和上邪有異曲同工之妙：

『枕前發盡千般願，要休且待青山爛；水面上秤砣浮；直待黃河徹底枯，白日參辰現，北斗回南面，休即未能休，且待三更見日頭。』

從許多不可能成爲事實的事情來說明了這個女子對愛情的執著與永恆。

唐詩長恨歌的「但願心似金鈿堅，天上人間會相見，在天願作比翼鳥，在地願爲連理枝，天長地久有時盡，此恨綿綿無絕期……」都是表現了天地間的至情至性。

而這首卜算子中上片感情之深可從空間上，時間上看出。下片：「此水幾時休，此恨何時已。」更是耐人尋味；詩人詞人一看到悠悠的江水，就引起無窮的相思之意，眞是思也悠悠，恨也悠悠啊。「何時巳」的巳，作止或了意。

如果這三首詞配合起來欣賞，則更能令人有餘音繞樑，三日不絕於耳之感。

武陵春

李清照

風住塵香花已盡，日晚倦梳頭。
物是人非事事休，欲語淚先流。
聞說雙溪春尚好，也擬泛輕舟。
只恐雙溪舴艋舟，載不動許多愁。

多情自古傷別離

・雨霖鈴（柳永）：

『寒蟬淒切，對長亭晚，驟雨初歇。都門帳飲無緒，方留戀處，蘭舟催發。執手相看淚眼，竟無語凝噎。念去去，千里煙波，暮靄沉沉楚天濶。多情自古傷離別，更那堪，冷落清秋節。今宵酒醒何處？楊柳岸，曉風殘月。此去經年，應是良辰好景虛設。便縱有千種風情，更與何人說？』

這闋秋日敍別的詞，是才子詞人柳永的代表名作之一，也是傳誦千古的絕妙好詞。

柳永，字耆卿，初名三變，崇安人（今福建崇安縣），仁宗景祐元年進士。歷餘杭令，終屯田員外郎，世稱柳屯田。因爲他行爲放蕩不拘，一生坎坷不得志，晚年窮困潦倒。他迷戀歌妓，喜作艷詞。感情深摯，反映到作品的也多言情道愛。相傳他死時，羣妓合錢葬他，每年春月上墳。

柳永的詞集叫「樂章集」，他不僅寫小令，還寫長調；他的詞吸收了民間的俚語，平易近人，故流傳甚廣，成爲雅俗共賞的大衆歌曲。相傳「凡有井水飲處，即能歌柳詞」。就是基於他的詞語言淺近情景交融。柳詞主要內容在描寫市民的生活及城市繁華景象。其中也包括才子佳人的離情，或飄泊在外旅客的孤苦心情。

・宋翔鳳樂府餘論云：「宋仁宗朝，中原息兵，汴京繁富，歌臺舞榭，競睹新聲，耆卿流連坊曲，遂盡收俚俗語言，編入詞中，以便使人傳習，一時動聽，散播四方。」

自晚唐以來，寫離情的詞作很多，要算這闋雨霖鈴最爲淒切感人。詞的一開始，從寒蟬到蘭舟，就已點出離別的季節、地點、時間；愁緒步步進逼，一句緊似一句。把分別時的依依之情融合在景物之中。

整闋詞無一「別」字，却通闋瀰漫在離別傷感的情調之中。一個秋天的傍晚，作者離開了京城，面對送行的女子因着蘭舟催發，而淚眼相看，而無語凝噎。達到了離愁的高潮。接下去，描寫從此別後天涯海角，無覓處。「念」字有着無限惆悵之意。行人愈行愈遠，行入那千里煙波，浩浩渺渺，無邊無際，更是令人產生空虛寂寞之感。「去去」和古詩「行行重行行，與君生別離，相去萬餘里，各在天一涯。」有異曲同工之妙。「都門帳飲」是套用了江淹別賦：「帳飲東都送客金谷」之句，和下闋的「今宵酒醒何處」前後呼應。

「多情自古傷離別，更那堪，冷落清秋節，
今宵酒醒何處，楊柳岸，曉風殘月。』

這幾句最是膾炙人口的名句。由於所用韻脚：別、節、月等入聲字，收音短促，而發出一種嗚咽淒涼，低沉哀怨的調子。描寫別後的情緒，入於化境。

這闋詞的寫作技巧相當高明，從要分未分之時，到眞正分別之時，以爲到此結束，結果出其不意地又假設了「此去經年，應是良辰好景虛設」這一段別後無可奈何、空虛落寞的日子，全用鋪敍的筆法來表現，非常的自然流利，如行雲流水一般。

尤其難得的是，他運用了白描的手法，來刻劃離別的情景；上闋寫分別時的難分難捨，令人黯然神傷，下闋寫想像中分別後的情景，頗能引起讀者共鳴。

・另一闋八聲甘州，則寫旅客懷念家鄉的淒苦心情：

『對瀟瀟暮雨灑江天，一番洗清秋。漸霜風淒緊，關河冷落，殘照當樓。是處紅衰翠減，苒苒物華休。惟有長江水，無語東流。

不忍登高臨遠，望故鄉渺邈，歸思難收，歎年來蹤跡，何事苦淹留。想佳人，妝樓顒望，誤幾回，天際識歸舟。爭知我，倚欄杆處，正恁凝愁。』

詞的開頭兩句，就點出這是個從清秋轉入霜風淒緊的時令；加之紅衰翠減，更增加了在外作客的旅人那種悲秋的情緒。

下闋寫不忍登高臨遠，怕的是觸景生情，「歎年來蹤跡，何事苦淹留」却充分流露了作者對這種飄泊仕途生涯的無奈與感嘆，同時又曲折地想像所愛的人在妝樓凝望着天際，辨認我的歸舟，而誤認錯了多少回。明明是作者自己在想念佳人，却假設「佳人」的思念苦候。這種移情的作用，在詞中常被運用的，如東坡的江城子詞中，明明自己思念亡妻，却用迂迴的筆法，說「料得年年腸斷處，明月夜，短松岡」，由自己爲死者而悲哀寫起，轉到死者爲懷念自己而腸斷，眞是情詞淒婉，是豪放之外的另一境界了。

柳詞善於鋪敘。尤能達到情景交融的地步。這闋八聲甘州，就是借着景物的描寫，充分表達了旅客的心聲。首句「江天」兩字連用，使人聯想到水天一色，白茫茫的蒼涼感覺。

「漸霜風淒緊」之句，一氣呵成，緊湊有序，天衣無縫，再度襯托出淒切之景。「霜風」、「關河」、「殘照」更是呼應了前面的「清秋」、「江天」、「暮雨」。「紅衰翠減，苒苒物華休」和「惟有長江水，無語東流」前後呼應；大有人事全非，景物依舊之感。人生如夢，過眼皆成雲煙，只有大江流水，默默向東逝去，千年萬年不變，也吐露了作者旅居於外的低沉傷感之調子，詞到此，眞可說達到了化境。

下闋「歸思難收」，又是呼應了前句「長江流水」句，和白居易的卜算子：「……終日思君不見君，共飲長江水」有着異曲同工之妙。「天際識歸舟」出於謝朓詩：「天際識歸舟，雲中辨江樹」。最後兩句「爭知我倚欄干處，正恁凝愁。」由佳人的思念，再又說到自己對佳人的思念。「凝」字用得非常好，有餘音繞樑之感。柳永一生飄泊，因此他的詞多以別情爲主。這兩闋尤敎人有百讀不厭，低唱不已。

東坡一向不喜柳詞，然而他也不得不稱讚：「霜風淒緊，關河冷落，殘照當樓」三句是「唐人佳句，不過如此。」

清平樂　　李煜

別來春半，觸目柔腸斷。
砌下落梅如雪亂，拂了一身還滿。
雁來音信無憑；路遙歸夢難成。
離恨如春草，更行更遠還生。

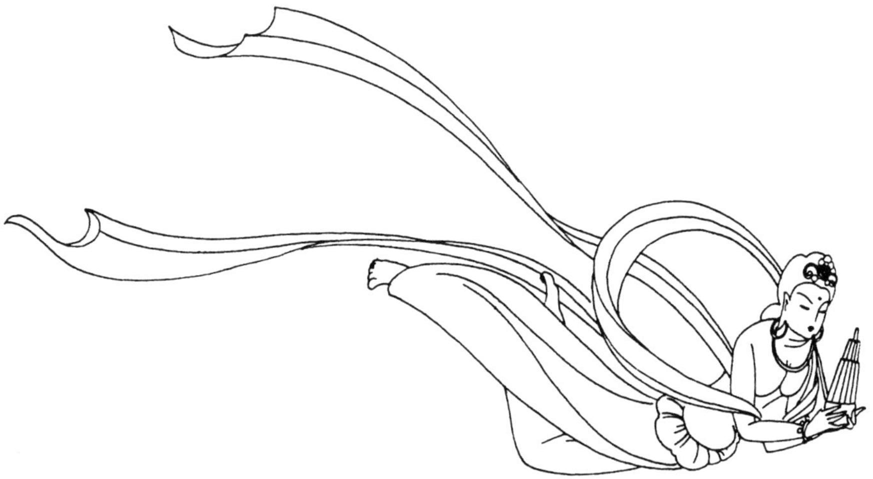

長江的唐詩賞析

唐代詩歌中，很多是歌詠中國大陸的名山大川的，尤其是那雄奇壯麗、清絕明秀的長江一帶的景色，多被詩人所稱道。譬如王維的詩：『……江流天地外，山色有無中，……』（漢江臨眺）正是詩中有畫、畫中有詩的境界。

李白有一首詩：『……山隨平野盡，江入大荒流。』（渡荊門送別）這兩句詩描寫山嶺平野的遼闊無邊，與長江流水的波濤洶湧，氣勢壯麗而雄偉。

『鳳凰台上鳳凰遊，鳳去樓空江自流……
三山半落青天外，二水中分白鷺洲。……』（李白登金陵鳳凰台）

這首詩懷古思今，感嘆鳳去樓空，樓外江水依舊，而人事全非之惆悵。

『朝辭白帝彩雲間，千里江陵一日還。

兩岸猿聲啼不住，輕舟已過萬重山。』（早發白帝城）

這首詩描寫了山川的壯麗和三峽水勢的急速，同時也充分表現了詩人的豪情萬丈。最後兩句音律和諧，非常富有詩味。

『……孤帆遠影碧空盡，唯見長江天際流。』（黃鶴樓送孟浩然之廣陵）

這首詩描寫作者送別孟浩然，帆影漸漸在藍天中消失，極目所望，連一點影子都看不見了。呈現在眼前的，是滔滔的流水，不斷地向天邊滾去。在極簡短的語言中，表現了作者豐富的感情和明朗的山水形象。

『巫山夾青天，巴水流若茲。巴水忽可盡，青天無到時。

三朝上黃牛，三暮行太遲。三朝又三暮，不覺鬢成絲。』（上三峽）

黃牛是長江邊的黃牛山，在湖北宜昌縣西的黃牛峽。這個山很高，山上的巨石，像人背刀牽牛的形狀，而山下江水曲折，乘舟溯流而上，幾日仍可望見。

南北朝民謠中就有一首以黃牛山爲題材的詩：

『朝發黃牛，暮宿黃牛。三朝三暮，黃牛如故。』

充分形容了逆水行舟，前進速度之緩慢。

・杜甫的詩：

『無邊落木蕭蕭下，不盡長江滾滾來。……』（登高）

這首詩是秋天登高而作的。放眼望去，無邊無際的樹木，在強勁的秋風吹打下，葉子颯颯地落下，而那長江的流水，沒有止盡地滾滾而來。正是襯托出當時政治的動盪，以及詩人的窮困潦倒（那時候杜甫正在病中）。

『江流石不轉，遺恨失吞吳。』（八陣圖）

這兩句詩是說三國的時候諸葛亮所作的八陣圖遺跡，擺在江邊，幾百年來受江水沖擊，依然屹立不動。遺憾的是諸葛亮消滅東吳的壯志並未實現，讀來令人感到沉痛。

『五更鼓角聲悲壯，三峽星河影動搖。……』（閣夜）

這兩句詩是描寫三峽的夜景，天上銀河映在三峽的河水上，只見星辰的倒影，在水面上晃來晃去，是一幅多麼悲壯淒涼的寒夜景色啊！

『細草微風岸，危檣獨夜舟；星垂平野闊，月湧大江流，』（旅夜書懷）

這首描寫江邊夜色，氣勢雄渾，與李白的「山隨平野盡，江入大荒流」有異曲同工之妙。

•張若虛詩：

『江畔何人初見月，江月何年初照人。人生代代無窮已，江月年年只相似。不知江月待何人，但見長江送流水……』（春江花月夜）

這是一首以長江爲題材，最長的一首詩，描寫作者在春夜望月有感。尤其是「人生代代無窮已，江月年年只相似」一句，說明了人生在世的變化無窮，只有江中的明月，千百年都是一樣的，永久不變。

以上都是唐詩中，以長江爲題材的名句，千百年來都被人們傳誦。

岳陽樓詩賞析

岳陽樓在湖南岳陽縣的西門城垣上，雄立洞庭湖東畔。在岳陽樓上遠眺洞庭湖，湖南甚爲壯闊秀麗，是我國名勝之一。

岳陽樓是唐朝張說所築，宋滕子京重修，范仲淹作記，其中一段：『啣遠山，呑長江，浩浩蕩蕩，橫無際涯……』正是岳陽樓的寫照。從劉禹錫的「遙望洞庭山水翠，白銀盤裏擁青螺」詩中，就可以想像洞庭之美。

杜甫有一首登岳陽樓的詩，可以說氣勢雄偉，千年來一直被人傳誦。

『昔聞洞庭水，今上岳陽樓。吳楚東南坼，乾坤日夜浮。親朋無一字，老病有孤舟。戎馬關山北，凭軒涕泗流。』

其中「吳楚東南坼，乾坤日夜浮」兩句，正是形容洞庭湖的有名詩句。吳楚指我國東南一帶。坼，就是拆開、分開之意。乾坤指天地。說東南一帶的吳、楚土地，以此爲分界，整個天地日日夜夜都好像浮在水面上一樣，眞是氣象萬千。

另外，田園詩人孟浩然也有一首題爲「望洞庭湖贈張丞相」的五言律詩：『八月湖水平，涵虛混太清。氣蒸雲夢澤，波撼岳陽城。欲濟無舟楫，端居恥聖明。坐觀垂釣者，徒有羨魚情。』其中「氣蒸雲夢澤，波撼岳陽城」兩句，和杜甫的「吳楚東南坼，乾坤日夜浮」有異曲同工之妙，都是描寫洞庭湖水的壯麗。湖上煙霧迷濛，整個雲夢澤，像被籠罩在蒸氣之中。

雲夢，是兩個澤地名稱，江北叫「雲」，江南叫「夢」，橫跨今日的湖北省長江南北一帶，波濤洶湧，似乎震撼了位於湖畔的岳陽樓。因此，古代的詩詞中，也有不少以雲夢澤爲題材的文學作品。

孟浩然（西元六八九—七四〇），湖北襄陽人。他的詩大部分以田園山水爲主，風格和陶淵明相近，大都是恬淡的。但是這首以洞庭湖爲主的「八月湖水平」却是屬於雄偉奔放的風格。

黃鶴樓的唐詩賞析

黃鶴樓故址，在今武漢長江大橋武昌橋頭，是古今的一大名勝地。登樓俯瞰江漢，極目千里，烟波浩淼，與岳陽樓（岳陽）、滕王閣（南昌）、望江樓（成都），都是文人騷客登臨賦詩之地。黃鶴樓更是以仙人子安跨乘黃鶴飛過此地而馳名。

關於黃鶴樓的歷史掌故，地理形勢，在名作家郭嗣汾先生所著的「白雲千載空悠悠」中（江山出版社出版），有詳盡的介紹，茲節錄兩段：

『……黃鶴樓始建於三國時期，志載當時樓高三層，外圓內方，號稱天下絕景。平劇「黃鶴樓」中，孔明三氣周瑜，即是此處。其後代有修建，原樓燬於明代嘉靖年間，重建後，又被流寇張獻忠所毀。清代同治年間，重恢舊觀，樓高十八丈，甚爲壯觀。光緒中又遭火災，民國時候在原址重建，但是已非舊觀了。……

『除了相傳仙人駕鶴過此的神話外，又傳昔有辛氏市酒於黃鵠山頭，有道士來飲酒，有辛氏不索酒資，道士遂取橘皮畫鶴於壁，拍手引之，鶴即飛舞，酒客紛來觀此奇景，乃因而致富。十年後道士又來跨鶴而去，有辛氏遂在此建樓以紀念之。……以上雖均係無稽神話，但是流傳古今，久已經喧騰人口，並載諸志乘了。』

郭嗣汾先生寫到黃鶴樓的時候，特別有深入介紹，因爲他在抗戰前後，曾在武漢住過相當時期，經常與二三知友登臨品茗小敍，對此勝景，每次均低迴徘徊久之。難得的是，他還記載了樓中的長短對聯。如門前的一聯爲：

『爽氣西來雲霧掃開天地憾；大江東去波濤洗盡古今愁。』

・樓中徐小頌一聯：

『何時黃鶴重來，且自把金樽，看洲堵千年芳草；
但見白雲飛去，問誰吹玉笛，落江城五月榴花。』

唐詩中，很多是以黃鶴樓爲寫作的題材，其中最膾炙人口的算是崔顥的七律「黃鶴樓」詩：

『昔人已乘黃鶴去，此地空餘黃鶴樓。黃鶴一去不復返，白雲千載空悠悠。
晴川歷歷漢陽樹，芳草萋萋鸚鵡洲。日暮鄉關何處是，烟波江上使人愁。』

這首詩氣象雄渾，不失樂府民歌本色。宋嚴羽云：『唐人之七律詩，當以崔顥黃鶴樓第一。』相傳詩仙李白和友人遊黃鶴樓的時候，見到這首詩，再也不肯提筆了。他說：『眼前有景道不得，崔顥題詩在上頭。』由此可知，李白對崔顥的這首題詩極爲欣賞。

崔顥，汴州（今河南開封）人，開元十一年（西元七二三）進士，天寶十三年（西元七五四）卒，累官至司勳員外郎，盛唐時期邊塞詩人之一。可惜，他遺留下來的詩不多。這首詩算是他的代表作。

前兩句詩常用來感慨人去樓空的惆悵，以及對古人逝去的懷念。昔人，指仙人子安。

三四句更進一層感嘆人事的無常，唯有自然是永恆不變的。如那悠悠的白雲，千百年來，仍舊在天空飄浮着。前三句，一連用了三次「黃鶴」，使人讀來有無限蒼涼悲壯的感慨。

五六句是說，隔着江水，清晰地望着漢陽的樹木，鸚鵡洲（漢口西南長江中，後爲江水淹沒）上的草也茂盛地生長。

七八兩句，是觸景生情，更增加了對故鄉的思念。

這首詩情景交融，弔古懷鄉，感人肺腑。

和崔顥同時代的李白，在他的作品中，提到黃鶴樓的也不少。如黃鶴樓送孟浩然之廣陵：

『故人西辭黃鶴樓，烟花三月下揚州。孤帆遠影碧空盡，唯見長江天際流。』

這是首有名的送別詩，抒寫了對友人依依不捨的心情。揚州，在江蘇省，地處長江下游，從武昌到揚州，順流而下，故叫「下揚州」。黃鶴樓在揚州之西，故叫「西辭黃鶴樓」。

與史郎中欽德聽黃鶴樓上吹笛：

『一爲遷客去長沙，西望長安不見家。黃鶴樓中吹玉笛，江城五月落梅花。』

這首詩是李白以漢賈誼被貶的遭遇，來比擬自己的處境，抒發流放中的感慨。

落梅花，是古代笛曲名。意思是說在五月的江城裏，回首西望，甚麼也看不見，只聽到黃鶴樓上傳來玉笛吹奏「落梅花」的樂曲。離家飄泊在外的人，讀了此詩，往往引起深深的共鳴。

在崔顥、李白之前，也有不少詩人題詩黃鶴樓，但是仍然以崔顥的「黃鶴樓」爲代表。

大哉孔子

孔子，可以說是全世界最偉大的教師。在人類歷史上，孔子是第一位私人講學，爲世界私立大學的首創者。在他以前，受教育是貴族的權利；孔子首先把教育普及於平民。封建的社會，階級的制度，不復存在於中國，應歸功於孔子學說。孔子曾說「有教無類」（論語、衞靈公），但事教育，不問族類。從此以後，中國眞正成爲自由平等的國家。後人尊稱孔子爲大成至聖先師。九月二十八日孔子誕辰爲中華民國國定的教師節。（引張其昀先生著中華五千年史第五册第一章）

在中國歷史上，孔子一直是中國人所景仰的聖人，因爲孔子的學說對於中國人心社會，影響甚大。世以其德配天地、道冠古今，所以尊爲至聖和萬世師表。

孔子在少年時候，就很有志氣。據他的自述，十五歲便立下了要用功讀書，獲得各種知識和本領的志願。

孔子大概在廿六、七歲的時候，曾做過兩回小差事。一回是當「乘田」，是管牛羊的，一回是當「委吏」，是一種會計的工作。這兩件差事，孔子都做得很認眞，很負責。他說：『叫我管牛羊，我就要把牛羊養得肥肥大大的。叫我管賬，我就不能在賬簿上出一點兒差錯。』這就是孔子敬業的精神。

孔子一生最大的抱負是實現他的政治主張，但是他在魯國只做司空（管建設工程）和司寇（管司法），不能實際地從事政治上的改革。於是孔子把他所有的精神都投注到敎育方面，直到他去世。無論他做官也好，周遊列國也好，身邊總是有成羣的學生。

孔子所創辦的私立學府，成立於西元前第五世紀，地點在孔子故鄉山東曲阜，於是曲阜成爲中國的聖地。孔子把中國古代的文化整理爲六部經典，稱爲六藝，即易、詩、書、禮、樂、春秋，作爲大學敎材。相傳孔子弟子達三千人，精通六藝的高足有七十二人。他的學生，年齡最大的只比他小六歲，是顏回的父親顏路。其次是子路，比孔子小九歲。年齡最小的是曾參，比孔子小四十六歲，孔子死的時候，曾參才二十七歲。

孔子的教育內容，根據「論語述而篇」中所說的，是以文、行、忠、信四類教授學生。在教學方面，注重啓發性。他說過一句話：『不憤不啓，不悱不發，擧一隅不以三隅反，則不復也。』（述而篇）幾千年來似乎成了教學上的基本理論。意思就是說，敎導學生，非到他想要了解而不得了解的時候，不要先去告訴他；非到他想講他的意見而又表達不出來的時候，也不必先指點他。指點了一個方面，却不能推知其他三方面，那就只好不說了。這段話就是說明要善於培養學生的求知慾，同時要他們自動自發地探索問題。

除了啓發式的敎學外，孔子也注重「潛移默化」的敎育。他常說一個人要「言行一致」，「以身作則」，學生才會受到影響。譬如他學不倦、敎不厭的精神，以至於到了「發憤忘食，樂以忘憂」的地步，讓學生對他不得不心悅誠服，而從事效法了。

孔子的治學方法是很嚴謹的。他特別注重學與思要並重。孔子說：『只是學習，不去思考，就會一無所得；只是思考，而不去學習，就會疑惑不定。』（原文見「爲政篇」）同時又提到學與習的關係。論語的開卷第一句話就是：『學而時習之，不亦悅乎？』就是強調在學習知識的過程中，必須要反覆溫習。孔子在兩千多年前，就提出這種求學的方法，眞是中國人引以自傲的事。

孔子經常和弟子談論的，是他勤學一生所總結出來的人生道理，就是「仁」。他主張把「仁」的精神，貫穿到各方面去。在個人修養方面提倡「克己」，在人和人之間則提倡「愛人」，在政治方面則提倡「仁」政。他曾說過：『一個君子喪失了仁，怎麼能夠爲君子？君子即使在吃一頓飯的短暫時刻，都不會放下實行仁德的意圖。在突發事件的襲擊下，在顚沛流離的折磨下也必須保持這種精神。』同時「仁」也是羣體生活中所不可缺少的。他說：『對於人民而言，仁德比水火更加重要。水火，我見過走進裏面去而死了的，却沒有見過走進仁德裏面而死了的呢。』

論語一書，是孔子的言行錄，共二十篇，內容包括政治主張、敎育原則、倫理觀念、品德修養等。二千五百年來，經孔子弟子和無數後學者的共同努力，發揚光大，成爲儒家的思想精華。　國父的三民主義所崇奉的就是以「仁愛」爲出發點的儒家思想；只有這種思想才可以救中國。反之，共產主義所崇奉的以「仇恨」爲出發點的馬克斯思想，只有禍害中國。

總之，孔子學說，一切以「仁」爲基礎，如果違反了孔子學說，想成爲文明國，是不可能的事。正如張其昀先生的中華五千年史所說：『孔子曾稱爲大成至聖先師，這大成二字，用得非常正確。孔子所代表的，是整個中華精神，上起遠古，下迄周代，中國的文明精髓，全由孔子集其大成。中國的賢人君子，他們的學術淵源和道德觀念，無一不是從孔子那裏感受啓示，資以營養。中國之能如巍然古樹，煥發新枝，雖然屢經異族侵凌統治，而仍能屢蹶屢起，屹立不撓，完全得力於這中華精神。』

119 大哉孔子

孔子與論語

孔子，是我國古代的偉大敎育家、思想家、政治家，同時也是儒家學派的創始人。對於中國人心社會，影響甚大。世以其德配天地、道冠古今，故尊爲至聖及萬世師表。

孔子名丘，字仲尼，春秋魯國人，生於公元前五五一年，死於公元前四七九年，年七十三。死後弟子皆服孝三年，子貢六年。

孔子在少年的時候，就很有志氣。據他的自述，十五歲時，已立下了要好好用功讀書，及獲得各種知識和本領的志願。

孔子大概在二十六、七歲的時候，曾做個兩回小小的官。一回是當「乘田」，是管牛羊的官，一回是當「委吏」，是一種會計的工作。這兩件差事，孔子都做得很踏實，很負責。他說：「叫我管牛羊，我就要把牛羊養得肥肥大大的。叫我管賬，我就不要在賬上出一點兒錯誤。」這就是孔子敬業的精神。

孔子在魯國做過司空（管建設工程）及司寇（管司法），後來周遊列國，再又回到魯國，刪詩書、定禮樂、贊周易、制春秋，以傳先王之道。弟子三千，精通六藝者七十二人。他一生主要從事於著述和教育。他的事蹟與言論，史籍均有記載。但是以論語上所記的最爲可靠。因此，要瞭解孔子，就必須熟讀論語。

論語這本書，可以說是儒家學派經典著作。是孔子弟子及再傳弟子，記述孔子的言行和孔子弟子言行的一本語錄。其中以有子、曾子的門人爲主要編輯。整個編輯，完成於孔子卒後數十年。

•論語共有二十篇：

①•學而、②•爲政、③•八佾、④•里仁、⑤•公治長、
⑥•雍也、⑦•述而、⑧•泰伯、⑨•子罕、⑩•鄉黨、
⑪•先進、⑫•顏淵、⑬•子路、⑭•憲問、⑮•衞靈公、
⑯•季氏、⑰•陽貨、⑱•微子、⑲•子張、⑳•堯曰。

內容包括了政治、教育、倫理、治學以及品德修養、爲人處世等。

但是，論語的基本精神，是以「仁」爲主。論語四百八十九章中，言「仁」的就有五十八章之多，提到「仁」字的次數。有一〇五次，可見「仁」在孔子心目中，是人類一切行爲的最高目標。孔子主張以「仁」的精神，貫注到個人的修養、人與人相處、以及社會國家，我們可以從以下的語錄中得到印證。顏淵請教孔子「如何行仁」，孔子答：「克己復禮。」可見「克己」是行仁的第一步功夫，人人能「克己復禮」，則天下人均將歸於仁。「仁道」在孔子教化中也是最難做到的，論語中問到「仁」的地方很多，孔子均一一予以不同的回答。如：

- 「人而不仁，如禮何？」
- 「仁遠乎哉，我欲仁斯仁至矣！」
- 「夫仁者，己欲立而立人，己欲達而達人。」
- 「……己所不欲，勿施於人。」
- 樊遲問仁，子曰：「愛人」
- 「志士仁人，無求生以害仁，有殺身以成仁。」
- 子張問仁於孔子。孔子曰：「能行五者於天下，爲仁矣！」請問之，曰：「恭、寬、信、敏、惠。」
- 仁也是群體生活不可少的，以仁擴張到五常——仁、義、禮、智、信，也是人與人相處之基本道理。

在個人修養方面，孔子曾讚美顏回，能長久行仁德。因此，顏淵死的時候，孔子哭得比誰都厲害。別人說：「你太哀慟了。」孔子說：「哀慟麼？我竟忘了自己，這個人死了不哀慟，還哀慟誰呢？」

在政治方面，孔子主張天下爲公，他曾讚美舜：「崇高偉大呀！舜有天下，却不以爲私有。」他主張以「仁德」治國，他說：「仁德比水火更重要。」「用道德來治國，就像北極星端居中央，其他許多星都環繞着它一樣。」同時，孔子也是人道主義者。他說：「見義不爲，無勇也。」除了講「仁」之外，孔子還經常啓發、敎導弟子，學習文藝、音樂、政治，以及日常生活的規範。

漢朝，八歲入小學，即誦「論語」、「孝經」，如同今日之學校敎課書。這本書的特色，在於文字淺顯簡潔而又富有哲理，句子三言兩語，各自獨立，整齊明白，易於背誦。後來許多格言、成語，都是從論語中來的，在文學上有很大的貢獻。譬如：「有朋自遠方來」、「學而時習之」、「任重道遠」、「四海之內皆兄弟」、「人無遠慮，必有近憂」、「三人行，必有我師」、「歲寒，知松柏之後凋」、「君子之德風，小人之德草」——等都是在日常生活中用到的一些格言，有着警惕、勉勵的作用。其中「人無遠慮，必有近憂」，就常常作爲警惕人們對將來的生活，應該及早打算的格言，也常以此爲作文的題目。

總之，「論語」是中華民族的寶典，是中國人必須讀的一本書，目前通行的注本，最早的有：魏何晏的「論語集解」及朱熹的「論語集注」。

把論語和大學、中庸、孟子合爲四書，是從宋朱熹開始。這四本書，已經成爲高中的中華文化基本教材。

秋盡江南草木凋

『青山隱隱水遙遙，秋盡江南草木彫。二十四橋明月夜，玉人何處教吹簫。』（遙遙：又作迢迢；草木彫：草木凋。）

這一首七言絕句，是唐朝杜牧寄揚州韓綽判官的。判官是唐時官名，爲節度使、觀察使的僚屬。韓綽大概是淮南節度使判官。

杜牧（西元八〇三－八五三），字牧之，號樊川，京兆萬年（今陝西長安）人。他是一個世家子弟，祖父杜佑曾做過德宗、順宗、憲宗三朝冢宰。不過到杜牧的時候，家境已經沒落。如他自己所說「某幼孤貧」。他二十六歲中進士，歷任監察御史、史館修撰、中書舍人等職，也曾經做過幾任州刺史。他爲

人剛直，不喜逢迎權貴，在仕途上不很得意。早年頗有抱負。但是生活在那樣的時代，沒有機會施展才能，於是在失意之餘，只好把精神寄託在詩歌之中。在他的作品中，不少是富有現實意義的作品。最能代表杜牧的藝術成就的，就是他的一些七言絕句體的抒情寫景小詩。杜牧是晚唐傑出的詩人，尤其能以極少數的語句，表現出極豐富的思想感情和優美的自然景色。

就以這首「寄揚州友人」的詩來說，眞是情景並茂。

杜牧曾長期在揚州逗留過，很懷念這個地方。特別對秋天的情景，念念不忘。水迢迢，是指水往遙遠處流去。傷感的是，在那揚州二十四橋的明月夜晚，何處在敎美人吹玉簫呢？

杜牧的詩不像李商隱的詩晦澀難懂，卻用了淺近、樸素的語言，寫出了一個深遠的意境，如一幅動人的畫面。其他如：

『清明時節雨紛紛，路上行人欲斷魂；
借問酒家何處有，牧童遙指杏花村。』（清明）

『千里鶯啼綠映紅，水村山郭酒旗風。
南朝四百八十寺，多少樓臺煙雨中。』（江南春絕句）

『遠上寒山石徑斜，白雲深處有人家。
停車坐愛楓林晚，霜葉紅於二月花。』（山行）

每一首詩都是一幅動人的畫面。杜牧的詩是獨具一格的，既不摹仿古人，也不堆砌詞藻，純為通俗明暢的語言，表現詩的意境。譬如「清明時節雨紛紛」，描寫清明前後下雨的景色；「千里鶯啼綠映紅」，描寫江南春天景色；「停車坐愛楓林晚」，描寫秋天景色，形象是突出的，鮮明的。

杜牧崇拜杜甫，他的詩也學杜甫，後人稱他為小杜，作有「樊川集」。

遣懷　　杜牧

落魄江湖載酒行，楚腰纖細掌中輕。
十年一覺揚州夢，贏得青樓薄倖名。

贈別　　杜牧

娉娉嫋嫋十三餘，豆蔻梢頭二月初。
春風十里揚州路，卷上珠簾總不如。

行在孝經

孝經，是言孝的一本書，所以稱它爲經。「漢志六藝略」，在易、書、詩、禮、樂、春秋六藝之後，再附上論語、孝經以及小學三家。原因是：論語、孝經兩書是六經的總會，也是經學入門的課本，直到唐代的科學考試，都必須先通這二本經書，然後再進而通其他的經書。所以三字經中，仍有「孝經通，四書熟，如六經，始可讀」的話。

爲什麼把言孝的書，稱它爲經呢，我們可從「漢書藝文志」，及「隋書經籍志」的兩段話中，得到答案。

・漢書藝文志：「夫孝，天之經，地之義，民之行也。學大者言，故曰孝經。」

•隋書經籍志：「夫孝者，天之經，地之義，人之行。自天子達於庶人，雖尊卑有差，及乎行孝，其義一也。先王因之以治國家，化天下，故能不嚴而順，不肅而成。」

我國是個敬老慈幼的民族，尤其是爲人子的，必善承父母長者的意旨。而國家的組織、倫常的制度，都是以「孝」爲基礎。

•至於「孝」是什麼呢？

•說文：「善事父母曰孝，從老省，從子，子承老也。」

•論語：「今之孝者，是謂能養。」

•禮記：「夫孝，德之本也，敎之所由生也。」

由此可知，孝之爲德，是從人倫之敎爲出發點的。換言之，人倫是由「孝」道擴充而成，「孝」是以人類最原始的親子之情爲基礎的。

我國的政治敎化，就是以倫理爲依據，主要原因是「愛」與「敬」。所以「孝經」上說：「聖人因親以敎愛，因嚴以敎敬。」又說「愛敬盡於事親」推而「以愛事君，則忠。以敬事長，則順。忠順不失，以事其上，故能成其德敎，而行其政令。其所因者，本也。」

孝敬中所備的愛和敬，就是所有人倫的基本道德。所以孝經中又說：「愛親者不敢惡人，敬親者不敢慢人。」又說「事父以資事母，愛同，事父以資事君，敬同。」

孝經開宗明義，首先提到孝是至德要道，是德之本。是敎之所由生。自「身體髮膚，受之父母，不敢毀傷」開始，至立身行道，揚名顯親終。古來百行孝爲先，孝在人倫中，太重要了，所以孝經中又說：「天地之性，人爲貴，人之行，莫大於孝」（聖治章）

由於孝是我國傳統文化中極爲重要的一個項目，是爲「仁」之本，所以從孔子開始就大事倡導，在論語中除答弟子之問外，其表現在孔子的生活行爲者，譬如：

「弟子入則孝，出則弟。」

「父母之年，不可不知也，一則以喜，一則以懼。」

「書云孝乎，惟孝友於兄弟，施於有政，是亦爲政，奚其爲爲政。」

「三年不改於父之道，可謂孝矣。」

等等，可以想見孔子平日生活，無處不表現他的孝思，實踐他的孝行。所謂「求忠臣必於孝子之門。」「臣以忠事其君，子以孝事其親，其基一」都是儒家的仁政思想。在漢朝，還設立孝經博士，同時自惠帝以下，每一帝王的諡號上，都加一「孝」字。

國父說過：「講到孝字，我們中國尤爲特長，尤其比各國進步得多。孝經所講孝字，幾乎無所不包，無所不至。現在世界中，最文明的國家，講到孝子，還沒有像中國講得這麼完全。」

關於孝經的作者，衆說不一，在漢代最爲流行的是認爲孝經爲孔子所作。但是在史記仲尼弟子列傳則云：「曾參，南武城人，字子輿，少孔子四十六歲。孔子以爲能通孝道，故授之業，作孝經。」認爲孝經是曾子所作。後人又認爲是曾子門人所作，甚至認爲是子思所作……究竟是誰作的，很難斷定。無論如何，孝經這本書，後來列入十三經的一部，而且受到莫大的重視。

孝經共十八章，即「開宗明義章」第一。「天子章」第二。「諸侯章」第三。「卿大夫章」第四。「士章」第五。「庶人章」第六。「三才章」第七。「孝治章」第八。「聖治章」第九。「紀孝行章」第十。「五刑章」第十一。「廣要道章」第十二。「廣至德章」第十三。「廣揚名章」第十四。「諫諍章」第十五。「感應章」第十六。「事君章」第十七。「喪親章」第十八。

目前孝經的注本，有十三經宋邢昺注釋，明疏道周「孝經集解」，清阮福「孝經義疏」，以及近人皮日瑞「孝經注疏」。

禮記

禮記，是先秦儒家學者談論禮的一部叢書，由西漢中葉戴德，戴聖兩位儒家所編纂傳授。這部書的內容非常豐富，都是關於禮制方面的言論記載。東漢鄭玄「六藝論」說：「戴德傳記八十五篇，則「大戴禮」是也；戴聖傳禮四十九篇，則此禮記是也。」戴聖所編，亦稱小戴記。就是現在通行的禮記。禮記，是一本重要的儒家經典，主要是記載禮節制度。有的是記述各種禮節條文，有的是記述各種政令，同時還包括了古代教育理論，以及音樂思想。除了禮制、音樂，教育、政令的記載外，對於孔子的言論，以及孔門和時人的一些雜事，也予以編纂彙錄。

從這部書中，可以知道古代社會的倫理觀念，宗法制度，以及儒家各派的思想等等。

禮記四十九篇中，以禮運，學記，大學，中庸、樂記五篇最有名，也是禮記中的精華所在。

大家最熟悉的禮運篇大同章：

「……大道之行也，天下爲公，選賢與能，講信修睦。故人不獨親其親，不獨子其子，使老有所終，壯有所用，幼有所長，……是謂大同。」

正是說明了先儒的最高政治理想，是在世界大同，四海一家。惟有仁愛、和平、互助，才能達到理想的政治制度。

「學記」這一篇，則說明了儒家尊師重道的教育理論。

「樂記」則說明了儒家移風易俗的音樂教育，所謂「治世之音安以樂，其政和；亂世之音怨以怒，其政乖；亡國之音哀以思，其民困；聲音之道與政通矣。」就是說明了音樂對於世風的影響。

「大學」是陳述儒家內聖外王的政治哲學，由曾子記述，朱注：「大學者，大人之學也。」所謂大人之學，就是養成偉大人格的學問，以「明德」、「親民」、「止善」爲三綱領，「格物」、「致知」、「誠意」、「正心」、「修身」、「齊家」、「治國」、「平天下」爲八條目。儒家的政治哲學，就是要從本身的修養做起。

「中庸」篇，是由孔子的孫子子思所作。宋朱子分中庸爲三十三篇，主要在說明儒家「天人合一」的人生哲學。篇首以「天命之謂性，率性之謂道，修道之謂敎」之性、道、敎三者爲根本。

「中庸」篇中的哀公問政章，是子思記述孔子對魯哀公之問政情形。孔子最注重的是修身方面，所以特別提到修身必須事親、知人、知天，然後又講到三達德。從本身修養做起，再擴大到柔遠人，懷諸侯，平天下。所以這一章可以和大學首章相爲表裏。在做學問方面，則又提出學、問、思、辨、行五項方法，同時又說到：「人一能之，己百之；人十能之，己千之。果能此道矣，雖愚必明，雖柔必強。」意思是說，別人學它一次就會，我却要學它一百次，別人學十次就會，而我却學千次。總之，多下功夫，精益求精，就是再笨的人也會聰明，再脆弱的人，必會堅強了。

總之，無論是大學，中庸，都是說明儒家的倫理、道理，都是以修身爲本，也就是內聖外方的政治哲學。

現在通行的禮記，是東漢鄭玄注，唐孔穎達疏。此外較通行的，還有元代陳皓的「禮記集說」，清代朱彬的「禮記訓纂」，孫希旦的「禮記集解」。

春秋左傳

在中國古書中，「經」「史」是主要的文化寶藏，知識泉源，所以古代知識分子，沒有不讀「經」「史」的。

其實，在古代，「經」「史」是很難畫分。就以「左傳」來說，它稱得上是「經」，也可以說是「史」。而「歷史」這門學問，是包羅萬象的，可以說是一切科學的總和。它是綜合人類一切動態、靜態知識的科學。所以在中國古代，對於「史」的解釋，是非常廣泛的。

春秋，是我國的第一部編年史。也是魯國的一部大事年表性質的史書。傳說，它是孔子根據魯國的歷史編輯而成。孟子「滕文公篇」說：「世衰道微，邪說暴行有作，臣殺其君者有之，子弒其父者有之。孔子懼，作春秋。」此處的「作」，是編撰整理的意思，而不能作「著作」講，因爲孔子不是史官，所以不能私造國史。

春秋的文句極爲簡短，提綱挈領地記錄，很有系統。造句用字上，大都從尚書的文體中演變而來，它比尚書更爲簡練平淺，建立了新散文的基礎。

對於「春秋」，加以補充敍述的，又有左丘明的「左傳」公羊高「公羊傳」、穀梁赤的「穀梁傳」。

其中以「春秋左氏傳」，最具文學上和史學上的價值。它以春秋的經文爲綱領，以魯國史料爲中心，再參考春秋時代，周、魯、齊、宋、楚、鄭、衞……為各國的史料，內容非常廣泛，包括了名人家傳，政治、經濟、戰事、文化、卜書等。可以說是以活潑生動的筆法，詳細地記述了春秋各國的一些大事。

左傳附在春秋後面，是從晉代杜預開始，因爲左傳是傳春秋的，後世簡稱「左傳」。所記載的歷史年代，大約起於魯隱公元年（西元前七二二年），止於哀公二十七年（西元前四六八年）凡歷十二公，共二百五十五年。

至於左傳的作者，歷來有過許多爭論，比較可信的說法是春秋時魯國史官左丘明所作，後來經過很多人增益。

左傳，在文學和語言上，有很大的成就，尤其對於人物的刻畫，戰爭的描寫，特別生動簡潔。如燭之武退秦師，呂相絕秦，秦、晉殽之戰，都是以委婉曲折的文章，表達當時的巧妙詞令，同時用簡練的文句，記載了當時繁雜的史事。左傳也有許多外交辭令。

如燭之武退秦師中，鄭國大夫燭之武向秦伯遊說的一段話，就非常簡潔有力：

「……夫晉何厭之有？既東封鄭（以鄭爲東面的疆界）又欲肆其西封（又想極力擴展西面的勢力土地），若不闕秦，將焉取之（晉如不使秦受到虧損，將從哪裏得到它所要得到的土地呢？）闕（虧缺）秦以利晉，唯君圖之。（希望您仔細考慮）」

這幾句話，生動極了，繪聲繪色，唯妙唯肖。

再如秦、晉殽之戰中，秦國出師襲鄭，經過滑；遇到鄭國商人弦高的退師一段，也很精采。

「……及滑，鄭商人弦高將市於周，（到周王的都城去做生意），遇之，（與秦國的軍隊相遇）以乘韋先，牛十二犒師（言弦高先給秦軍送上四張熟皮，然後又送上十二頭牛乘，是四的代稱，因爲古時每輛車有四匹馬，稱之爲乘，而且古人送禮，往往有所先後，禮物的質量，則是先輕後重。）曰：

「寡君聞吾子將步師（行軍），爲從者之淹，居則具一日之積，行則備一夕之衞（你們若要停留，住的話，給你們準備一天的糧食，行的話，給你們準備警衞）」

且使遽告于鄭（弦高並且使人用接力的快馬、駕了車給鄭國去送信，透露鄭國突襲的消息）……孟明曰（秦大將）：「鄭有備矣，不可冀也（不可對鄭國存侵略的野心）攻之不克，圍之不繼，（秦如進攻，鄭已有準備，無法取勝，如果包圍鄭都，又因兵少，無後繼之師，也不能持久）吾其還也」滅滑而還。這一大段描寫秦軍徒勞往返，師出無功，沒有突襲鄭，只滅了小小的滑（姬姓小國）後來經過殽，又被晉突襲，是篇極爲優美的敍事文。

左傳，爲後代歷史著作和敍事散文樹立了典範，後代司馬遷在史記列傳中的生動描寫，以及戰國策中蘇秦張儀的滔滔雄辯，都直接或接間，吸取了左傳的營養。

自東漢以來，爲左傳作注的很多，目前最通行的是十三經注疏中的「春秋左傳注疏」，是晉杜預注，唐孔穎達疏。

總之，我們讀左傳，主要使後世不忘前世聖人「是非褒貶」的意旨，以及聖人的「傳史」。至於認識當時的「史事」「人物」，「掌故」，是次要的問題。

孟子

孟子名軻，字子輿，戰國時鄒（今山東省鄒縣）人。生於周烈王四年（西元前三七二年），死於周赧王二十六年（西元前二八九年），終年八十四歲。他受業於孔子的孫子子思的門人，是孔子學說的忠實信徒，也是孔子之後，儒家學派的大師。

據說孟子小時候，家住在墳墓附近，孟子就模仿學埋葬死人。他的母親很注重學習的環境，怕這樣下去會受到不良影響，決定把家搬到市場附近，結果孟子又學殺豬或賣買，孟母感到這個環境也不好，又把家遷到學校附近，讓孟子自小可以耳濡目染，學習禮儀，這就是「孟母三遷」的故事。

孟母非常賢慧，對孟子的一生影響很大。有一次，孟子逃課，孟母知道了很生氣，就把正在織的布割斷，並且規勸孟子說：「你不好好讀書，半途而廢，就如同我織布機上所割斷的布一樣。」從此以後，孟子再也不敢逃學了，這就是「斷機教子」的故事。

孟子精通五經，他的學說受到孔子，子思的影響很大。他非常推崇孔子，他曾說：「自生民以來，未有盛於孔子的。」又說：「乃所願，則學孔子也。」就是說明他的願望，就是要向孔子學習。孟子的思想與子思的思想是完全一致的。子思說過：「誠者天之道也，誠之者人之道也。」孟子也說：「誠者天之道也，思誠者人之道也。」因此，孟子上承子思，孔子，號爲儒家的「正統」學派。

孟子所處的時代，是列國諸侯紛爭的戰國時代，各國都想用武力自保，並且向外發展。於是孟子把他那套「仁政」、「王道」的學說，向各國游說。他周遊齊、梁、宋、魯、滕等國，希望賢明的君主，能實行仁政。但是當時天下大行「合縱」、「連橫」，認爲孟子的主張不合當時的潮流，都不採用。最後只好退而與弟子萬章、公孫丑等著書，這就是流傳到現在的「孟子七篇」。

孟子一書，極力發揚儒說，攻擊異端邪說，他曾說：「如欲平治天下，當今之世，舍我其誰。」可見他的抱負多大。別人說他好辯，他回答說：「予豈好辯哉，予不得已也。」

孟子的文章，不但文采華瞻，清暢流利，尤以氣勝，如波濤澎湃的江河，一瀉千里。譬如「好辯」、「齊桓晉文之事」章等，令人讀後就感到文氣雄偉，波瀾壯濶。他善用譬喻，眞是百讀不厭。如：「齊桓晉文之事」（梁惠王上）：「不爲者與不能者之形，何以異？」曰：「挾太山以超北海，語人曰：『我不能』，是誠不能也。爲長者折枝，語人曰：『我不能。』是不爲也，非不能也。故王之不王，非挾太山以超北海之類也；王之不王，是折枝之類也。⋯⋯

孟子的文章，在先秦諸子散文中最爲傑出，對於後世散文影響很大。例如賈誼、司馬遷、韓愈、柳宗元、蘇軾的議論文字，都是以氣勢爲最大特色。孟子同時又主張人性本善，就是說人性中具有天生的善良本質。他認爲人人應該具備的基本道德規範是「仁、義、禮、智」四種。他把這四種道德叫「四端」，也就是：「惻隱之心、羞惡之心、辭讓之心、是非之心。」又說：「仁、義、禮、智根于心。」（盡心上）他舉例說：「人突然看到一個小孩爬到井邊，快掉下去時，立刻產生一種驚慌，同情的心理，而去救他這種動機不是爲了討好小孩的父母，或想取得名利，完全是發自內心，這就是對人性本善的詮釋。本此四端發揮，就是「仁政」思想。孟子提倡仁政，就是從四端爲基礎的。

唐朝韓愈特別推崇孟子，繼承文、武、周公、孔子的道統，宋神宗元豐年間，追封爲鄒國公，配享孔廟。元朝至順年間，加封爲亞聖，地位僅次於大成至聖先師的孔子。

孟子一書，在宋以前，只列在諸子之林，宋始列於經部。南宋朱熹又把它編入「四書」，並爲之作集注。另有清焦循「孟子正義」現在部分已選爲高中的中國文化基本教材。

莊子的故事

莊子，名周，戰國時蒙人（今河南商邱縣人），生卒年月不詳，大約和孟軻同時，或稍晚一些。

莊周，曾做過蒙地方的漆園吏，是一個小官。做了沒有多久，以後就從事於講學、著述，過着窮苦的日子，有時還靠打草鞋維持生活。莊子一生清苦，他曾向監河侯借過米，見魏王的時候，穿的是補了又補的粗布衣服，草鞋上的帶子也是斷了又接起來的。他雖然如此貧窮，但是有人要請他出來做官時，他却堅持不去，並且諷刺那些追求功名利祿的人。有一次，莊子在濮水上釣魚，楚威王聽說莊子是個賢能的人，特地派了兩位大夫聘請莊子出來做宰相，然而莊子手拿釣魚竿，頭也不回地問：「聽說楚國有一個神龜，死去已經三千多年了，楚王把它用巾蓋着，放在盒子裡，供在廟堂之上，像這個神龜，它究竟是願意死了以後，留着它的骨頭讓人尊貴，還是活着拖着尾巴在泥中悠然自得的好呢？」

兩位大夫說：「它一定願意拖着尾巴在爛泥中生活。」

莊子說：「你們回去吧！我也想拖着尾巴在爛泥中生活。」

另外還有一個故事，是莊子和惠子在「濠水」的石橋上漫步，莊子看着橋下水中的魚說：「白魚自由自在地在水面上游來游去，是多麼快樂呀！」

惠子說：「你又不是魚，怎麼知道魚的快樂？」

莊子說：「你又不是我，怎麼知道我不知道魚的快樂呢？」

惠子說：「我不是你，當然不知道你了，但是你的確不是魚，又怎麼知道魚的樂趣。」

莊子說：「我們從問題的開頭說起，你問我怎麼知道魚的樂趣，那就表示你已經知道我是知道魚的樂趣而問我的，我正是從濠水上知道的。」

以上兩則故事，都記載莊子的秋水篇，由此可知，莊子的愛好自由，以及他那返歸天眞，和萬物合而爲一的本性。

莊子繼承並發展了老子的思想，和老子並稱「老莊」，對於後代文學、語言影響非常大。尤其他的文章，想像力豐富，文筆變化萬端，洋洋灑灑，富有浪漫主義色彩。他的文章，大多是寓言的形式，不但活潑生動，而且含意深遠，是值得一讀再讀的。譬如愚公移山、庖丁解牛、井底之蛙、莊周夢蝶……等，都是含有哲理的寓言。其中「愚公移山」的教育意義最大。是說一個老頭，憑着毅力與決心，恆心與勇氣，終於完成愚公的志願——山一天天小，自己的力量一天天壯大，就是再高的山，也是可以削平的。這個寓言，就是說天下沒有不可克服的困難。再如「庖丁解牛」這篇，用牛身筋骨的糾結來比喻世物的複雜，用刀子來比喻人的心神。殺牛的厨子，如果懂得骨節空隙的地方，則一刀下去，迎刃而解。處世也是如此，一切要循其自然的天理，萬事不可強求，這處走不通，就走別處，不要鑽牛角尖，給自己過不去。

莊子認爲一切事物，順其自然發展，以達到消遙自適，隨遇而安的境界。

莊子不但是戰國時期的大思想家，也是最傑出的散文大家。後世的文學家，如陶淵明、柳宗元、蘇東坡的，無不受到莊子文學的影響。

莊子一書，包括內篇七篇，外篇十五篇，雜篇十一篇，共三十三篇。內篇大部分是莊子自著，外篇或雜篇，大都爲弟子或後人所記。

目前可看到的莊子注本，有晉代「郭象」的注，及唐代的成玄英疏，清代有于先謙的「莊子集解」。近人有錢穆「莊子纂箋」。

最早的記傳體：史記

我國最古的散文，雖然以尚書爲代表，但是它是用當時的口語記錄的歷史，年代久遠，言語僵化，現代的人讀起來非常吃力。直到西漢時期，由於政治、經濟、文化各方面的蓬勃發展，產生了一部偉大的散文兼歷史的巨著，它就是我國的第一部紀傳體的通史——史記。

史記的作者是司馬遷，司馬遷字子長，生於公元前一四五年，馮翊夏陽人（今陝西韓城）。

司馬遷的父親司馬談，是一位學問淵博的人，漢武帝時任太史令。太史令是掌管天文、曆法、歷史、圖書等的編輯工作。他曾立志要寫一部史書，但是沒有來得及動筆，就於公元前一一〇年病死洛陽。他死了以後，就把他的理想事業交給了司馬遷。

司馬遷從小就刻苦讀書，他除了家學淵博，接受父親的敎導外，同時還跟從孔安國學古文，并熟讀左傳、國語等史書。二十歲後，暢遊江、淮、齊、魯等地，遍訪古蹟，并收集了許多遺聞故事。三十四歲，又隨武帝巡遊天下，眼界大開，並且深切體認各地的民情風俗。這使他在知識、思想觀點，以至語言等方面起了很大的影響，對他的歷史事業和文學事業打下了良好的基礎。

三十八歲那年，他繼承父職，作了太史令。正想着手整理史料時，却因爲替李陵辯護而下獄論罪。天漢二年（西元前九九年），李陵因爲孤軍深入匈奴，戰敗被俘。此時，司馬遷挺身而出，替李陵辯護，受到連累，並遭受極爲殘酷的宮刑，精神上受到很大的打擊，這可從他寫給任安的信中看出。他爲了發憤完成「史記」這部書，只有「從俗浮沉，與時俯仰」，在出獄後不久，他以刑後餘生的全部精力，終於完成了這部空前的巨著。

史記，在中國文學史上，有崇高的地位，它是記載黃帝到漢武帝時候的歷史。內容包括十二本紀、十表、八書、三十世家、七十列傳，共一百三十篇，五十二萬多字。它不僅是記載史事，而且反映了我國漢以前三千年間的政治、經濟、文化各方面的發展過程。對我們今天認識古代社會，有很大的幫助。

史記最大的特色是對於人物性格的描繪，相當突出。司馬遷能採用不同的筆調、不同的語言，刻畫不同人物的面貌和個性，往往只用寥寥數語，就可以令讀者如見其人，如聞其聲。譬如「項羽本紀」中「鴻門宴」，七十列傳中的屈原、廉頗、藺相如、田單、信陵君、荊軻、聶政等，身分不同，事業各異的人物，描寫都成爲史記中的傑作。

在他文章裡，也充分表現了愛國的情操，以及急公好義的精神。後代散文家受他影響最大的有：唐宋八大家，以及歸有光、曾國藩等。他自創的體例，更是爲後代的「正史」樹立了楷模。至於後代的戲曲如霸王別姬、將相和、屈原、信陵公子等。小說如東周列國志、西漢通俗演義等，都是吸取於史記的。因此，史記對於後代的文學，產生了極大的影響。

司馬遷死後，漢人稱爲太史公書或太史記，魏晉期間才簡稱「史記」。

歷來爲史記作注的很多，目前最通行的是所謂三家注本、劉宋裴駰集解、唐司馬貞索隱、張守節正義。

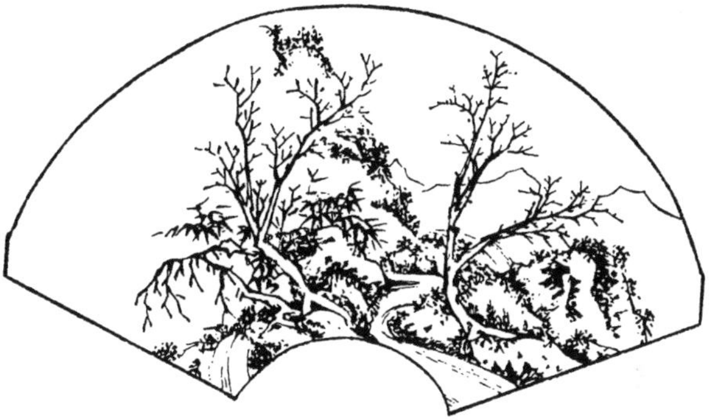

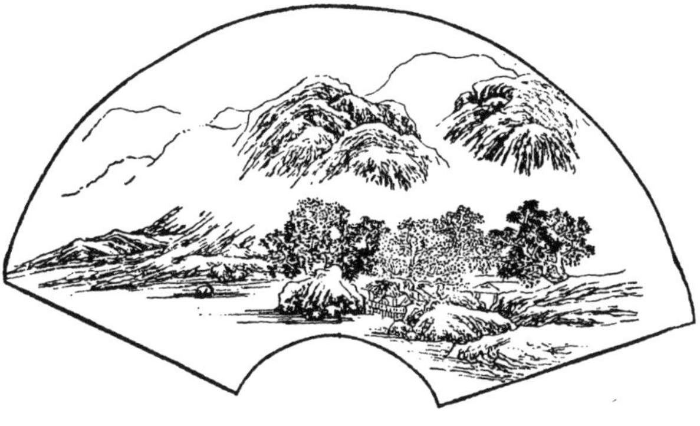

漢代的文學主流：賦

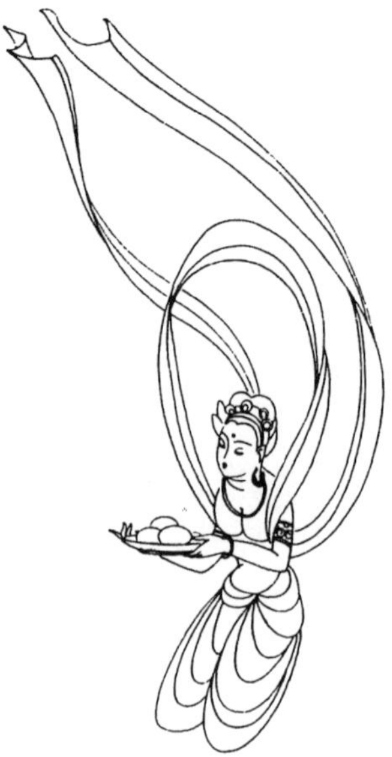

賦的構成：

我們知道，一代有一代的文學代表。楚辭、漢賦、六朝駢文、唐詩、宋詞、元曲，每種文學都有它的特色。那麼「賦」是什麼呢？「漢書藝文志」稱：「不歌而誦謂之賦。」賦是文體的一種。本來是「詩序」所謂「六義」之一。是用來發抒詩義的方法。劉勰「文心雕龍」：「然賦也者，受命於詩人，拓宇於楚辭也。」由此可知，賦是由詩經、楚辭發展而成的。賦主要的目的是鋪陳事物。譬如司馬相如的「上林賦」，就是細膩地、誇張地描寫皇帝在上林苑進行田獵，宴會的情形，以及那裡的山形、水勢、魚蟲、鳥獸、草木、珠玉、宮室等，可以說極盡其鋪張的能事。再說「子虛賦」，其中一大段描寫「雲夢」這個地方的盛況。例如山水如何，土石如何，東西南北有什麼，上面下面有什麼，只要腦子想得出的，無論什麼珍禽異獸，奇花異草，都把它鋪陳出來。班固的「兩都賦」也是如此，完全描寫京都的盛況，雖然和游獵賦內容不同，但是它的形式、組織，完全模仿「子虛」、「上林」等賦。司馬相如「西京雜記」中提到賦的性質與體製：「合纂組以成文，列綿繡而爲質。一經一緯，一宮一商，此賦之跡也。」鍾嶸「詩品」也說：「直書其事，寓言寫物，賦也。」由此可知，由楚辭到漢賦，詩的成分減少，散文的成分加多。抒情的成分減少，詠物說理的成分加強。

但是在形式上來看，無論詩經、楚辭、漢賦，都是押韻的韻文。賦的字數不拘，大多以四言六言爲主，而且夾着散文的句式，所用的連結詞也和散文相似。如「若夫」、「且」、「雖」、「遂」、「況」、「復」、「故」、「至若」、「乃有」、「是以」、「而」、「於」。譬如「江淹別賦」：「風蕭蕭而異響，雲漫漫而奇色，舟凝滯於水濱，車逶遲於山側……」。

漢代的賦，叫辭賦，又叫古賦，篇幅較長，多採問答形式，多用僻字。如「上林賦」、「子虛賦」。到了六朝的賦叫俳賦，又叫駢賦，形式比較短小，大多四字對和六字對，到了後期已慢慢夾用五七言詩句。

▨漢賦發達的原因：

①・文體本身發展的趨勢——

四言詩衰微之後，五七言詩正在民間醞釀，新的文體，又繼之而起。楚辭，漢賦就是在這種「蛻變」過程中成長，由短句到長句，再由長句到短句。顧炎武說：「三百篇而不得不變爲楚辭，由楚辭而不能不變爲漢賦者，勢也。」

②・受政治與經濟的影響——

武帝雄才大略，文治武功均達到極點，貴族王侯於公餘之暇，則追逐酒色犬馬之樂，神仙長命之想。於是擴建宮殿，巡遊山川……等，就充實了這種舖陳排比，直書其事的文體。

③・功名利祿的引誘——

由於漢代幾個皇帝對辭賦的愛好，於是文人競相作賦，以求取功名，「辭賦」變爲文人升級加俸的工具。譬如枚乘賦柳，得絹五匹；司馬相如賦長門，得黃金百斤。又因子虛、上林兩賦，武帝即賜其爲郎官。尤其在東漢中期，採用考賦取士的制度，無論成績好壞，一律錄取，給予俸祿，因爲有利可圖，寫賦的人愈來愈多。

④・學術思想的牽引——

自漢武帝「罷黜百家，獨尊儒術」之後，「宗經」變成學術思想的主流。漢賦的作家，雖然以鋪陳排比，堆砌誇張爲能事，但是最後總歸結到「荒淫足以誤國，仁義可以安邦」的宗旨上。譬如班固「兩都賦」序：「或以抒下情而通諷諭；或以宣上德而盡忠孝。」也是說明了賦是在「宗經」思想下產生的。有名的賦家如司馬相如、董仲舒、揚雄、班固、張衡等，都是當時的經學家及小學家（包括文學、聲韻、訓詁）。就是因爲賦有歌頌和諷諭的作用，迎合當時的學術思潮，故能一天天滋長蓬勃，盛行於貴族社會，成爲漢代的文學主流。這種半詩半文的體裁，對後代韻文發展，有很大的影響。

蔡琰和胡笳十八拍

蔡琰，字文姬，是東漢時代有名的才女，她是著名學者蔡邕的女兒。蔡邕，字伯喈，他不僅博學，好辭章，而且通天文、術數，尤其工於書畫，善鼓琴。官拜「中郎將」，封「高陽鄉侯」。奏定「六經」文學，後來因案牽連，死於獄中。

文姬從小生長在詩書門第的宦官之家，由於家學淵源，受到良好的教育。先天的秉賦聰明，加之後天的努力培養，自然是一位出類拔萃的女詩人了。後漢書，「董祀妻傳」說她「博學有才辯，又妙于音律」。此外，她還擅長書法，可惜紅顏薄命，她的一生憂患重重。由於父母之命，最初她曾嫁衞仲道，不幸丈夫早死，無子，只好回娘家居住。獻帝興平年間，天下大亂。文姬被董卓部下擄去，後來輾轉流入南匈奴，做了匈奴左賢王的妾。她在胡地居住了十二年之久，生了兩個兒子。

建安十二年，曹操當政，想到他老朋友蔡邕無後代，同時又覺得蔡邕的女兒文姬是當代的才女，不忍見她流落異域，於是便派了特使去到匈奴，以黃金將文姬贖回。文姬回國後，三度改嫁給董祀，眞是一個歷盡滄桑的堅強女子。最令人感動的是在她離開胡地歸漢時，所寫的「悲憤詩」和「胡笳十八拍」。

悲憤詩，有五言體和楚辭體兩種不同的體裁。全詩抒寫她的身世和不幸的遭遇。從她被董卓的亂兵所擄談起，再敍述她親身遭受痛苦的經歷，以及被擄人民在路上所受到的折磨，接着描述她在異域的思鄉之情。其中「有客從外來，聞之常歡喜，迎問其消息，輒復非鄉里」四句，就是說明她那種盼望能回故鄉的殷切，而又絕望的心情。當她被贖回國時，却又捨不得和兒子分別的幾句詩，也是刻畫得非常細膩。最後描繪她回到家鄉之後所見到的景象，充分表露內心的感觸，可以說句句飽含血淚，是不可多得的敍事詩。

「楚辭體」的內容大致和五言體的相同，但是感情不如五言體，文字流於枯燥、呆板。由於有些情節和蔡琰生平不符，可能是後人擬作。

「胡笳十八拍」，不見於後漢書，文體也和一般漢魏作品不一樣，引起不少人的爭論，認爲它不是出於文姬的手筆。其實從作品中的內容和感情的眞摯來看，若不是文姬親身體驗，是寫不出這樣好的詩句。「胡笳十八拍」的「拍」字，大概不是節拍的意思，而是「篇」的意思，可能受到胡語的影響。胡笳，是一種用蘆草捲成可以吹奏的胡樂。全篇共十八首。從故土之思到胡地的神傷，從母子分別之痛到返回故鄉的決心，寫盡了人間的悲劇。

這首詩充分表達了作者不幸的遭遇，吐露了主觀的感情，比五言體的悲憤詩還要動人。譬如：

・第八拍：「爲天有眼兮何不見我獨漂流？爲神有靈兮何事處我天南海北頭？我不負天兮天何配我殊匹？我不負神兮神何殛我越荒州？」

這是全篇寫得最有力，最深刻動人的文字，完全把內心的怨恨借文字發洩出來，眞是呼天搶地，到了走頭無路時，把蒼天和神靈都罵到了。這種風格和五言體的「悲憤詩」雖然不同，應該還是文姬的手筆。

北宋的政治家王安石，根據文姬的胡笳十八拍，另寫了「十八拍歌」。唐朝的一位詩人劉商，也重寫了「十八拍」，後人（大概是元朝之後的畫家）根據劉商的十八拍，配了插圖，也就是胡笳十八拍圖卷，目前珍藏在美國紐約大都會博物館。

「悲憤詩」也好，「胡笳十八拍」也好，都是描寫一個在政治紊亂、內憂外患下，女子被犧牲的悲劇，和「孔雀東南飛」所描寫家庭的悲劇不一樣，但都是寫實作品。

孔雀東南飛

在兩漢的樂府民歌中，孔雀南飛是最有成就的長篇敍事詩了。全詩共有三百五十七句的孔雀東南飛又名古詩爲焦仲卿妻作。在這首詩的前面，有一篇小序，大概的意思是說：在漢末建安中（公元一九六—二二〇），安徽省盧江府的一個小官員名叫焦仲卿，娶了一個又漂亮又賢慧，又有教養的少女劉蘭芝爲妻，夫妻兩人處得非常好，不料焦仲卿的母親卻十分討厭這個媳婦，對她有很大的偏見，百般挑剔她。兒子無奈，只有順着母親的意思，叫蘭芝回娘家。誰知蘭芝回家後，竟被哥哥逼着改嫁別人，但是她對仲卿的愛情是堅貞的，最後這一對恩愛夫妻只得自殺殉情，蘭芝投水自殺，仲卿也吊死。死後，家人把他

們合葬在一起，於是寫下了這篇詩歌。後人讀了這首詩篇，沒有不感動得落淚的。

孔雀東南飛可以說是南方詩文作品的代表，溫柔敦厚，淒婉纏綿，描寫得非常細膩。

「十三能織素，十四學裁衣，十五彈箜篌，十六誦詩書。」

「雞鳴入機織，夜夜不得息。」

從這些詩句中，充分說明了蘭芝的多才多藝，以及吃苦耐勞的精神。再如蘭芝在離開焦家時，向婆婆告別的話中，也看出她的修養。

「昔作女兒時，生小出野里，本自無教訓，兼愧貴家子。受母錢帛多，不堪母驅使。今日還家去，念母勞家裏。」

這幾句詩，表面上是自責，骨子裏却是抗議，又婉轉又含蓄。

像蘭芝這樣一個有教養又能幹的婦女，竟不見容於婆婆，可以說是時代的悲劇。最後蘭芝夫婦的死，正表現出舊式社會下的婚姻悲劇。蘭芝夫婦因婆婆的不滿而強迫分開，是令人同情的，但最後的結局——化成一對鴛鴦鳥，在林間雙飛和鳴，是令人感到安慰的。

「枝枝相覆蓋，葉葉相交通。」

這兩句詩是說他們合葬在一起，墓旁長的松柏、梧桐非常茂盛，正表現了他們愛情的永不泯滅。

孔雀東南飛的人物刻畫得很是鮮明生動，作者運用了自然的口語，白描的手法，非常突出地描寫了詩中的人物形象。仲卿的懦弱，蘭芝的堅強，焦母的專橫，劉兄的勢利，這些人物的個性，正是那個時代背景產生的。尤其是把蘭芝那種反傳統的堅強意志和爲愛情犧牲的決心，寫得非常眞實動人。這篇詩中的人物對話，亦符合各人的身分，如詩中劉兄（蘭芝的哥哥）對妹所說的一段話：

「先嫁得府吏，后嫁得郎君，否泰如天地，足以榮汝身，不嫁義郎體，其往欲何云！」

寥寥數語，便使得一個冷酷自私的勢利小人躍然紙上。鋪張排比的描寫，也是這首詩的特色。

王世貞的藝苑卮言說：「孔雀東南飛，質而不俚，亂而能整，敍事如畫，敍情若訴，長篇之聖也。」對孔雀東南飛作了很恰當的批評。

總之，這篇無名氏所作的詩歌，確實是我國古代寫實主義文學中的傑作。

165　孔雀東南飛

漢朝的樂府詩

辭賦雖然是漢代的文學主流，但是它屬於貴族文人的作品，缺少了民間的情感與社會的反映。到了漢武帝，正式成立了一個「樂府官署」，一面創作宗廟的樂章，一面收集民間的詩歌。於是樂府詩（簡稱樂府），便在文學史上佔了相當大的份量。

漢武帝之所以要大量收集民歌，除了點綴昇平和適應宮廷娛樂的需要，主要的是想通過民歌來了解百姓的思想與社會上的一切問題。

漢樂府詩的來源有二：一是民間采來的歌謠，一是文人製作的歌功頌德的作品。無論是采來的，或是文人製作的，一律配以音樂，所以叫做樂府，是詩體中的創新風格。

不過廣義的樂府又包括了漢以後一切入樂的詩歌、詞、曲。凡是那些協律的詩歌，統稱之爲樂府。

樂府的淵源，始於詩經、楚辭，只是到漢朝才有這個名稱。漢初的作品以漢高祖劉邦的大風歌最早。其詞如下：

「大風起兮雲飛揚，威加海內兮歸故鄉，安得猛士兮守四方。」

這是劉邦削平了西楚，統一天下，大富大貴而歸故鄉時，所撰的這首兒歌，通俗自然，雖然只有二十二個字，却把作者喜悅之情，表現出來。

・「漢書藝文志」說：

「民間歌謠，皆感於哀樂，緣事而發，亦可以觀風俗，知厚薄。」

因此，在漢代，搜集民間的歌謠，是件相當重要的工作。據說漢哀帝因爲不喜歡這種俗樂一度廢止，但是情勢所趨，民歌並沒有中斷，現所存的樂府，大部分是哀帝以後的作品。

宋代的郭茂倩，曾編了一部「樂府詩集」，可以說是宋以前收集樂府歌辭最完備的一部總集。主要分以下四類：

一・郊廟歌辭：主要是貴族文人爲祭祀而作的樂歌，是詩經中「頌」的產物，華麗典雅，但無太大內容。

二・鼓吹曲辭：又稱「鐃歌」本來是北狄傳入的軍樂。內容龐雜，歌辭是後來補寫的，主要是民間所創作。如有名的「上邪」就是鐃曲十八曲中的一首民間情歌，描寫一個女子對愛情的堅貞；除非高山變平地，江水乾涸，冬天打雷，夏天下雪，否則絕不和她的情人分開，其詩如下：

「上邪！我欲與君相知（相愛），長命（永久）無絕衰

　山無陵，江水爲竭，冬雷震震，夏雨雪，天地合，乃敢與君絕。」

其他如「有所思」，也是鐃歌之一。通過這些詩，可以反映出當時百姓對於愛情的忠貞。

三・相和歌辭：是各地采來的俗樂，是漢世街陌謠謳，作者是廣大的百姓，有許多家喻戶曉的作品；如江南可採蓮這首描寫江南人民採蓮時，一面工作，一面唱歌的歡樂情景。「江南可採蓮」這首詩沒有深厚的內容，但其音調和諧，文字活潑，充分表現出民歌的特色，其詩如下：

「江南可採蓮，蓮葉何田田，魚戲蓮葉間，

　魚戲蓮葉東，魚戲蓮葉西，魚戲蓮葉南，魚戲蓮葉北。」

所謂相和歌，本是一人唱，多人和。

其他爲北方有佳人、上留田、孤兒行，都屬相和歌。

四・雜曲歌辭：和相和歌辭相似，其中有些樂調多不知所起，因無可歸類，就

自成一類。如悲歌、戰城南、十五從軍征，都屬雜曲。其中悲歌和十五從軍征可以配合讀。前者是描寫一個在外征戰了六十五年的軍人，晚年有幸得回故鄉，可是家庭因長期失去照顧，餓的餓死，病的病死，家園處處是松柏冢纍纍。而後者是描寫一個征人路遠難以回到故鄉，深刻地描繪當時戰爭的殘酷，悲歌的詩如下：

「悲歌可以當泣，遠望可以當歸，思念故鄉，鬱鬱纍纍，
欲歸家無人，欲渡河無船，心思不能言，腸中車輪轉。」

最後兩句含意深遠，心中的愁思無從向人訴說，只能像車輪一樣，在自己肚裏，循環地打轉，這樣的形容句子，眞是強烈地反映作者的感情。

兩漢的樂府民歌通過敍事來發抒感情，深刻地反映了當時的社會以及人民的心聲，可以說有眞實的感情，樸素的文字。句子由二字到八九字，參差錯落，形式自由，語言通俗，在文學上的成就很高。對於後來詩歌發展，貢獻甚大。

古詩十九首

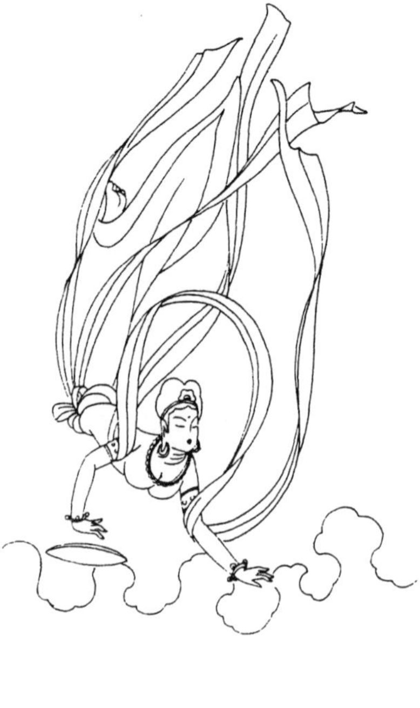

漢代除了樂府以外，還有不少五言詩。所謂五言詩，是全篇由五字句組成的詩體，這種詩體大概在秦末就在民間產生，但是不很普遍，直到西漢才正式在民間流行着。詩由四言而變爲五言，是中國詩歌史上形式的進步，比起以四言爲主的詩經，雖然多了一個字，但却有回轉周旋的餘地，可以充分地表現作者的才性。

在漢代，五言詩的代表，最有名的就是「古詩十九首」和托名爲蘇武、李陵所寫的一些贈答詩。

古詩十九首，大都是抒情的詩，作者的姓名都已失傳，從作品的內容來看，大部分產生於東漢，都是五言詩中的上品。

・沈德潛「說詩晬語」曰：

「古詩十九首，不必一人之辭，一時之作。大率逐臣棄婦，
朋友闊別，遊子他鄉，死生新故之感。或寓言，或顯言，或反覆言。
初無奇闢之思，驚險之句，而西京古詩，皆在其下。」

這段話可以說是對古詩十九首作了最精闢的評論。「古詩十九首」最大的特色就是自然、簡潔、生動。「文心雕龍」「明詩篇」說：「結體散文，質而不野，婉轉附物，怊悵切情。」也是說明它的特色。無論是寫離恨、鄉愁和民生疾苦，都是以最平淺質樸的文句來表現其深厚的感情與內容，絲毫沒有當日辭賦的浮華與貴族氣。

其中描寫閨中怨情的有「行行重行行」、「青青河畔草」、「庭中有奇樹」、「迢迢牽牛星」等，就以「迢迢牽牛星」來說，就是借着牛郎織女之不能相會，而表達夫妻因受到種種阻礙而不能自由結合的痛苦，可以說是哀而不傷，溫柔敦厚，這首詩的全文如下：

「迢迢牽牛星，皎皎河漢女，纖纖擢素手，札札弄機杼。
終日不成章，泣涕零如雨。河漢清且淺，相去復幾許？
盈盈一水間，脈脈不得語。」

（河漢：天上銀河；擢：抬；札札：織布的聲音；杼：梭子；不成章：不能織成文采；脈脈：相看。）

這是一首描寫相思，離別的詩篇。「終日不成章，泣涕零如雨」兩句，言簡意深，寫織女因心不在焉，而不能織出文采，終日以淚洗面的痛苦表情，非常的生動活潑。

十九首詩中，也有一些是消極頹廢的作品，那是因爲東漢末期，社會動亂，人心感到空虛無寄託的原因。如：

「去者日以疏，來者日以親。出郭門直視，但見丘與墳。
古墓犁爲田，松柏摧爲薪。白楊多悲風，蕭蕭愁殺人。
思還故里閭，欲歸道無因。」

（古者：逝去的日子。親：近也）

這首詩的情緒是消極的，調子是低沉的，但也反映出社會動盪不安時期，知識分子的一些心理狀態。

古詩十九首外的蘇武、李陵的贈答詩，「昭明文選」雖然有選錄，但是詩的內容跟蘇武、李陵的事跡不符，可能是東漢末年的僞作。

徐陵的「玉台新詠」則認爲古詩十九首中的青青河畔草等八首爲西漢枚乘所作，但無法提出有力的論證。撇開五言詩產生的時代問題不談，就其本身的藝術成就來說，對後代詩歌的發展有極重要的影響。梁朝鍾嶸的「詩品」中，曾說到五言詩的長處：「五言居文詞之要，是衆作之有滋味者也，故云『會於流俗』豈不以指事造形，窮情寫物，最爲詳切者耶！」十九首詩雖不講究「聲病」，然而格律、音節，略有定程，大都四句爲一解，每一解轉一意，其用字平仄相間，是爲漢代之律詩。是建安以後，爲衆人所喜愛的一種新形體。

關於古詩十九首的參考書，有隋森樹的「古詩十九首集釋」、古直的「漢詩研究」，陳鍾凡的「漢魏六朝文學」，李曰剛的「中國文學流變史詩歌篇」等。

建安時期文學‧1

：曹氏父子

東漢末年，由於政治社會紊亂不安，學術思想以及文學風格，都有極大的變化。就以詩歌來說，形成了慷慨悲涼的特色。這個時期的代表作家有三曹和建安七子。三曹是曹操和他的兒子曹丕、曹植。其中以曹植成就最大，以下就曹氏父子作些簡單的介紹：

曹操（公元一五五—二二〇年），字孟德，沛國譙（今安徽亳縣）人。漢獻帝建安初年，拜大將軍和丞相，後又封爲魏王。

曹操在文學上的創作，擺脫了古典詩歌的束縛，把樂府民歌的精神和質樸的語言，吸收到他的詩歌中，也有許多四言詩歌，譬如「短歌行」：

「對酒當歌，人生幾何？譬如朝露，去日苦多。慨當以慷，憂思難忘。
何以解憂，惟有杜康。青青子衿，悠悠我心。但爲君故，沈吟至今。
呦呦鹿鳴，食野之苹。我有嘉賓，鼓瑟吹笙。明明如月，何時可掇？
憂從中來，不可斷絕。越陌度阡，枉用相存。契闊談讌，心念舊恩。
月明星稀，烏鵲南飛，繞樹三匝，何枝可依？
山不厭高，海不厭深。周公吐哺，天下歸心。」

從這首詩中，我們可以看出曹操是一個有雄心壯志，而胸懷開闊的人，但是也充滿了悲壯與淒楚的情感。

曹丕（公元一八七－二二六），字子桓，在建安二十五年，他迫使漢獻帝讓位，自立爲皇帝，國號魏。曹丕的成就不如曹操、曹植，比較有名的詩歌，多半是寫離情別緒的。如「燕歌行」：

「秋風蕭瑟天氣涼，草木搖落露爲霜。
羣燕辭歸雁南翔，念君客游思斷腸。
慊慊思歸戀故鄉，君何淹留寄他方？
賤妾煢煢（孤單）守空房，憂來思君不敢忘，不覺淚下霑衣裳。
援琴鳴弦發清商（曲調名），短歌微吟不能長。
明月皎皎照我牀，星漢西流夜未央（盡）。

牽牛織女遙相望，爾獨何辜限河梁（河上橋樑）。」

這首詩主要在寫一個婦人在秋夜懷念客居異鄉的丈夫。內容雖然沒有跳出古詩十九首中那些寫遊子思婦之情的範圍，但是却正式成立了所謂七言詩歌的形式，貢獻很大。

此外，他的「典論論文」，特別說明了文學的作用，同時把建安七子的作品作了比較中肯的批評，開了文學理論和文學批評之風。

曹植（公元一九二－二三二），字子建，在文學方面有很高的成就。年輕時就深受父親曹操的寵愛，後來受到曹丕的猜忌與壓抑。因封陳王，謚思，所以世稱陳思王，一生抑鬱不歡，四十一歲便死了。

曹植從小在父親的影響下，就有了建功立業的抱負，希望「戮力（效力）上國，流惠下民，建永世之業，流金石之功（把功業刻在金石上，以流名後世）。」他有強烈的事業心，這可從他的「白馬篇」看出。但是後期的曹植，由於在政治上受到迫害，壯志消磨，這可從他的「白馬篇」看出，寫下許多感慨不平的詩篇。

・「世說新語」說：

「文帝嘗令東阿王七步中作詩，不成者行大法。便爲七步，帝有慚色。」其詩如下：「煑豆持作羹，漉鼓以爲汁，萁在釜下燃，豆在釜中泣。本是同根生，相煎何太急？」

有名七哀詩：也是一篇描寫一個被丈夫遺棄在家中的婦女相思之情。在藝術成就上是很高的。其詩如下：

「明月照高樓，流光正徘徊。上有愁思婦，悲歎有餘哀。
借問歎是誰？言是客子妻。君行踰十年，孤妾常獨棲。
君若清路塵，妾若濁水泥。浮沉各異勢，會合何時諧？
願爲西南風，長逝入君懷。君懷良不開，賤妾當何依！」

這首詩言外之言，是他一往情深對待君王，但始終沒有被重用。曹植的散文有名的如「與楊祖德書」，賦有名的如「洛神賦」。

總之，他們的文學是西漢到魏晉時期的一個橋樑，是不可忽略的。

建安時期文學・2・建安七子

建安七子：在建安七子中，以王粲、劉楨兩人的成就最高。

王粲，（公元一七七－二一七年）字仲直，山陽高平（今山東鄒縣）人，爲七子中最年輕的一位。他善於詩賦，其中以七哀詩三首最有名，尤其是第一首「西京亂無象」最好，充分反映了人民的疾苦情形。登樓賦，也是他的著名作品之一。是寫他自己因懷才不遇而引起的思鄉之情以及建功立業的念頭。

劉楨（公元一七〇年－二一七年）字公幹，東平人，以詩歌見長。風格高超脫俗，語言洗鍊，他的作品以「贈弟」三首最有名，主要抒寫自己的抱負和志趣。他表示無論在任何環境之中，都要保持自己的節操，同時也表示了自己想建功立業的念頭。

其他如應瑒（字德璉），徐幹（字偉長）、陳琳（字孔璋）、阮瑀（字元瑜）四人，所保存下來的作品並不很多，大半是應用文字。他們的文章多喜對偶、注重辭藻。影響到後來南北朝駢文。在詩歌方面，陳琳的「飲馬長城窟行」，阮瑀的「駕出郭北門行」，都是繼承了兩漢樂府的傳統精神。飲馬長城窟行，是以夫妻對話方式，暴露了丈夫被迫築城的痛苦，以及夫妻離散的厄運。駕出郭北門，是描寫一個孤兒遭受後母虐待的痛苦。

這四子之中，徐幹是一個彬彬君子，自幼恬淡寡欲，著有中論二十餘篇，極爲有名。

孔融（字文擧），是七子當中，極負盛名的詩人之一，他的詩和王粲不同。如雜詩第二首，純以白描手法抒寫喪子的悲痛，極爲感人。他的散文，辭藻華麗，有着駢儷風貌。與曹操論禁酒書，却富有詼諧意味。因此，曹丕的「典論論文」批評他的文章說：「……孔融體氣高妙，有過人者，然不能持論，理不勝詞，以至乎雜以嘲戲，及其所善，揚、班儔也。」可惜他的賦並未流傳下來。

建安七子，各有所長，曹丕的「與吳質書」曰：

「偉長懷文抱質，恬淡寡欲，有箕山之志，可謂彬彬君子者美。著中論二十餘篇，成一家之言，辭義典雅，足傳於後。德璉常斐然有述作之意；其才學足以著書，美志不遂，良可痛惜。間者歷覽諸子之文，對之抆淚，既痛逝者，行自念也。孔璋章表殊健，微爲繁富。公幹有逸氣，但未遒耳。其五言詩之善者，妙絕時人。元瑜書記翩翩，致足樂也。仲宣續自善辭賦，惜其體弱，不足起其文。至於所善，古人無以遠過。」

曹丕與此六子，既是「行則同輿，止則同席」的好友，故對其批評算是中肯。

竹林七賢

竹林七賢，是「正始」時期有名的文人。「正始」是魏廢帝曹芳的年號，大約在公元二四〇—二四九間。這時，朝廷大權已落在司馬氏之手，而曹氏中的一些官僚和知識分子受到很大迫害。文人爲了「明哲保身」，大都裝聾作啞，不問世事，於是「老莊」的出世思想和「清談」之風，大爲盛行，因此也產生了所謂的「竹林七賢」。

「竹林七賢」是阮籍、稽康、山濤、向秀、阮咸、王戎、劉伶等七人。他們大多過着放浪形骸、寄情山水的日子。隨着老莊的思想的抬頭，詩風也因之大變。「文心雕龍」明詩篇：「正始明道，詩雜仙心。」正是說明了此時期詩歌的變化。在「七賢」之中，文學上比較有成就的是阮籍和嵇康。

阮籍（公元二一〇－二六三年），字嗣宗，陳留尉氏（今河南開封）人，父親阮瑀是建安七子之一。他少年時代，就有「志欲威八荒」的壯志，但因當時環境的複雜，而不得伸展抱負，而決心潔身自保。其實他是個關心政治而又不敢過問政治的人，這可從他的詠懷詩看得出來。他的思想，有積極的一面，也有消極的一面。

詠懷詩，共八十二首，非一時之作。他嫉世憤俗，同時又痛恨那些趨炎附勢之徒，這在他的第八首詩中：「寧與燕雀翔，不隨黃鵠飛。」以及第三十三首「終身履薄冰，誰知我心焦」可以看出。

他的詩多用比興的手法，寓意深遠。鍾嶸「詩品」批評他的詩曰：「其原出於小雅。無雕蟲之巧，而詠懷之作，可以陶性靈，發幽思。言在耳目之內，情寄八荒之表。」

然而在「詠懷詩」中，也有不少逃避現實的作品，這也正是竹林七賢中頹廢的一面。

「大人先生傳」，是阮籍有名的一篇散文。

嵇康（公元二二四－二六三）字叔夜，譙國（今安徽）人，個性和阮籍相近，同是反對禮法，崇尚老莊的人，詩文與阮籍齊名。

他的詩，以四言爲主，清新脫俗，如「贈秀才入軍」的第九首「良馬既閑，麗服有暉」就是描寫他哥哥嵇喜在軍中馳射的英姿。第十四首「息徒蘭圃，秣馬華山」就是描寫他哥哥在行軍時休息的情況，同時也表達了他自己的志趣。

嵇康的「與山巨源絕交書」，是一篇極有名的散文，內容是諷刺當時一些爭權爭勢的人，也因爲這篇文章，而入獄。

無可否認的，阮籍、嵇康可以說是建安文學之後的正始文學代表。他們的作品雖然貫穿了老莊的思想，但是基本精神上，仍繼承了建安風骨的傳統的。

東晉詩人陶淵明

從公元三百年以後，中國北部相繼遭受匈奴等族的入侵，西晉滅亡。後來司馬睿，即位於建康（今南京），史稱東晉。東晉百餘年間，社會動盪不安，思想混亂，加之老、莊、佛、道之盛行，此一時期的「玄言詩」，獨霸文壇。一直到了東晉末年，才出現了一位偉大的詩人——陶淵明。

陶淵明（公元三六五年—四二七年），一名潛，字元亮潯陽柴桑（今江西九江縣）人。世稱靖節先生。祖父做過太守，後來家道中落，但是自幼受到儒家思想的薰陶，年輕時候，就立下濟世的壯志。二十九歲，就做了江州祭酒的小官，後來也做過劉裕的鎮軍、建威參軍，由於當時的政治腐敗，社會黑暗，對個性高潔的陶淵明所看不慣，因而辭去官職。中年，爲生活所迫，再度出仕做彭澤縣長，最後，還是不願「爲五斗米折腰」，做了八十幾天就辭官拂袖而去。

此後，他歸隱於田園，親自耕作，詩酒自娛。

陶淵明的詩，樸素自然和諧優美，和那些空談玄理的「玄言」詩是大不相同的。在形式上一反六朝的華而不實的作風。

在思想上，他融合了儒、道、佛三家的精華。

　　他的作品，最有名的四言詩有「停雲」、「時運」、「歸鳥」各四章，五言詩有「歸園田居」五首、「移居」二首、「飲酒」二十首、「擬古」九首、「雜詩」十二首。辭賦有「歸去來辭」、「閒情賦」等，散文有「桃花源記」、「五柳先生傳」等。

　　鍾嶸詩品中批評他的詩文：「每觀其文，想見人德。」就是說在他的作品中，可以看出他的思想、人格。譬如從「桃花源記」中，就可看出他對理想社會的追求；從「飲酒」詩中「採菊東籬下，悠然見南山」兩句來看，可以知道他退隱後的恬淡心情，同時也流露出他與世無爭，秉性自然的人生觀。

　　他的作品中，所描寫的事物，都是很親切的，平常的。如「歸園田居」第二首：

「曖曖遠人村，依依墟里煙，狗吠深巷中，雞鳴桑樹顛。
戶庭無塵雜，虛空有餘閒……」

所描寫的村、煙、狗、雞、戶，都是農村生活中常見的景物，由陶淵明寫來，特別生動活潑。所以後世有人稱他爲田園詩人。他的風格，可以用「平淡」、「自然」來概括他的偉大處，是能將其人生思想與作品完全溶合，而表現出他的眞性情。在文學上有着極崇高的地位。

後代的詩人如李白、杜甫、孟浩然、柳宗元、王維、白居易、蘇軾、辛稼軒等，都受到陶淵明詩風的影響。

清人陶澍注的「靖節先生集」，是通行的注本。

近人逯欽立校注的陶淵明集（里仁書局印），是根據清李公煥等注陶淵明集爲底本。

另外一本「陶淵明研究」（上下兩卷），九思（今里仁）出版的，是收集了歷代討論陶淵明作品的論文專著，資料也相當豐富，對於陶淵明的家世、生卒年月、作品等都有深入地探討。給愛好陶淵明作品的人，是本極具參考價値的書。

太康時期的文人

太康，是晉武帝司馬炎滅了東吳後所改建的年號。這個時期的文人代表就是：三張、二陸、兩潘、一左。

- 三張就是：張華、張載、張協。
- 二陸就是：陸機、陸雲。
- 兩潘就是：潘岳、潘尼。
- 一左就是：左思。

後世亦稱之爲太康詩人。

他們的文風和正始作家相同。大都是追求辭藻的華麗和對偶的工整，也就是所謂的形式主義的文學。雖然在藝術技巧上有很高的造詣，但是內容空洞，缺乏眞實的感情。就像一個沒有內涵的女子打扮得非常艷麗，洗盡鉛華之後，就無看頭了。

這八位詩人之中，值得一提的是陸機和左思。

陸機（公元二六一—三〇三）字士衡。吳郡（今江蘇吳縣）人。原是東吳的世族，東吳滅後，到了洛陽，以文章名重當時。曾做過祭酒、都督。後來被人陷害，死時年四十三。

他的詩現存一〇四首，詩多模仿兩漢樂府民歌，大都內容空虛，雕琢排偶。寫得較好的是「赴洛道中」，是寫自己從吳到洛途中的行役之苦，多少流露一點兒眞實的感情。值得一提的是他那篇用駢文所寫的「文賦」，所提出的文學理論，對後代文學有很大的貢獻。

這篇文章，是作者根據自己的體會，總結前人的經驗，說明作家要等到有了內容和創作的靈感時才能寫出好文章。同時也強調想像在創作中的作用。他反對抄襲，提倡創新，並論述各種文體的特點、遣辭、剪裁和音律等問題。譬如：「瞻萬物而思紛，悲落葉於勁秋，喜柔條於芳春；心懍懍以懷霜，志眇眇而臨雲，詠世德之駿烈……」（文賦）

這段文，正說明了四時景物和文學創作的關係，秋天見到樹葉搖落而悲傷，春天見枝條柔嫩而喜悅。想到寒霜就心情蕭條，面對雲霞就志趣高遠。

「……若夫豐約之裁，俯仰之形，因宜適變……譬猶舞者赴節以投袂，歌者應絃而遣聲。」（文賦）

這段文說明文章繁簡的裁剪，上下氣勢的形成，則各因其所宜，適時予以變化，好像跳舞的人，隨着音樂的節拍投袖起舞，唱歌的人，應合着絲絃放聲歌唱一樣。

在他的文賦最後一段，特別提到文章的功用，它可以教育人，同時可以把盛德流傳千古。總之，陸機的「文賦」，是一篇有關作文方法的最佳文章。

左思，（公元二五〇—三〇五）卒年不詳，字太沖，山東臨淄人。他有口吃，博學能文，但是由於出身微寒，仕途不得志。

他的詩文，大都充滿積極浪漫主義的精神。其中以「詠史詩」八首和「三都賦」最爲有名。「詠史詩」，是借古諷今，以抒發自己的抱負。他的詩風格雄渾，意境高潔，遠超出其他詩人。

「詠史詩」中，像第五首：「振衣千仞岡，濯足萬里流」，第六首：「貴者雖自貴，視之若埃塵。賤者雖自賤，重之若千鈞」，都是表現了他那種不與人同流合汚的情操。前二句是說明在高山上抖衣，在長河裏洗脚，以除去世俗塵汚。後四句是說豪貴雖自以爲貴，但在我看來却輕若埃塵，貧賤者如荊軻等，他們自以爲貧，但在我看來，其身價却有千鈞重。

總之，左思的文學，繼承了建安以來的現實主義精神。

關於陸機文賦，可參考陶希聖先生的「作文方法」（評析陸機文賦），此書係中央日報社印行。

南北朝之唯美文學

魏晉時代的浪漫文學，以至南北朝，已經形成了唯美文學的極盛潮流。例如四六駢文，抒情辭賦，詩歌，都是這個時期的產物。這些文學的特色，就是偏重於形式音律的美麗而忽略了內容的充實。在藝術上有其成就的。

唯美文學，在這時期興盛的原因，主要的是：

・聲律說的影響：中國文學的構造，包括了形、音、義，因爲是獨立的，所以便於音律與對偶。由於四聲反切的產生，譬如周顒作「四聲切韻」，沈約作「四聲譜」。

因此四聲八病之總，亦就是所謂的「永明體」，隨之產生。

▒・佛道的興盛：魏晉之時，儒家思想衰微，老莊思想極盛。加之佛教流行，而形成一種玄談風氣文學染上了浪漫、駢麗的色彩。

▒・君主的愛好：南朝的四代君主，都是獎勵文學，招集文士著稱。如宋文帝立儒、玄、文、史四館，目的在網羅文士從事於研究創作。齊高帝及其諸子都以文章著稱，竟陵王門下的八友，更是一時之俊彥。梁武帝父子不但是南朝時代的詩人，而且是宮體詩的創造者。陳後主隋煬帝諸人在文學的表現上都是傾心於詞藻形式的美麗和音律和諧。

▒・長短體的產生：古代的詩經、漢代的樂府就已雜用了長短句。但是沒有形成一種規律。到了南朝，詩中的長短句，大都是由三句七言，四句三言所合成。

・如沈約的「江南弄」：

「楊柳垂池燕差池，緘情忍思落容儀，絃傷曲怨心自知。

心自知，人不見。動羅裙，拂珠殿。」

其他如梁武帝的「衆花雜色滿上林」，都是長短句的作品，實爲後代詞體的濫觴。

▒・純文學的重視：古代的文學，大都指一般的學術而言，文學成爲傳揚聖道的工具。魏晉以後，文學的定義始分明，文學不只是包含學術六藝的範圍。「

文心雕龍」總術篇：「今之常言，有文有筆；以爲無韵者筆也，有韵者文也。」從體制看來，文者爲韵文，筆者爲散文。從性質言，則文者爲純文學，筆者爲雜文學。故當時於文筆之外，又有「辭筆」「詩筆」之稱。辭詩二語，爲純文學的最好代表，與經、史、子之界限於以畫分。在這種環境下，文學自然走向唯美的形式了。

這個時期的代表作品如梁武帝的「子夜歌」，江淹的「別賦」，徐陵的「關山月」，梁簡文帝的「春情曲」，以及南北朝的樂府民歌，都是音韵和諧，文辭優美，注重對偶的文學作品，可以說對唐宋以後的文學語言（特別是律詩有很大的貢獻）。

「文心雕龍」這本書，主要的是討論或是批評有關文學方面的問題。作者劉勰，生卒年不可詳考，（大概是公元四六五到五二一年）字彥和，東莞莒（今江蘇常州人）。他出身於貧寒家庭，幼年喪父。因家窮，沒有娶妻。年輕時候和沙門僧佑住在一起。因此，對佛學經典很有研究。加之篤志好學，博通經論。於南齊末年（西元四九六年）年三十二歲，始作「文心雕龍」。在梁朝時，曾做過「東宮通事舍人」等一些小官，後人也稱他劉舍人。昭明太子蕭統，很欣賞他。他的思想受儒家和佛家的影響很深。

「文心雕龍」全書五十篇，分上下兩篇。序文在最後，也就是「序志」篇，是全書的總序。扼要地說明了「文心雕龍」的主要內容。這本書，仍然是以儒家的思想貫穿其間的，所謂「本乎道，師乎聖，體乎經」也。

・上篇自「原道」起，到「書記」共二十五篇。下篇自「神思」起，到「序志」，也是二十五篇。

・上篇的前五篇闡述他的文學應宣揚聖道以便有益教化的道理。其餘各篇說明了各種文體的源流和體裁以及文學對現實的關係，並評論前人作品的優劣。

・下篇則全是討論了創作和批評的理論和方法。

尤其是「情采」、「通變」、「定勢」、「物色」、「神思」、「風骨」、「鎔裁」這幾篇，充分說明了創作與批評的理論。

譬如「情采」，主要的說明了情與采之不可偏廢，甚至文學的內容比文學的形式更重要，以抨擊當時只注重形式的淫麗之風。他的舉例說明一個女子，眞正的美在於內涵，如果貌不驚人，或無內在美，就是打扮得再漂亮也是無用的。作文也是如此，同時也說明「爲情而造文」的可貴。一篇好的作品，必須要有眞實的感情，要言之有物。而「爲文而造情」的文章，是流傳不久的。在「物色」篇中，則說明了自然環境的變遷給予文學創作的影響。氣候時會和山川風景，都會令人產生不同的情感，而刺激作家創作的動機。同時又能造成作家的風格。由此可知，許多偉大的作品，都是受到外界環境的影響而產生的一種精神現象。在「神思」篇中，則特別說明了作家在創作時必須要摒除雜念，把全副精神灌注在自己的作品的構思之中。除了思想要集中，而且對於文字的運用與推敲，也是很重要的。「鎔裁」這篇，則說明處理文章的思想內容和表現的形式，要恰當好處，如同鑄金器、製衣服一樣。思想內容避免空洞、雜亂，語言要避免枯竭。

總之「文心雕龍」這部書，是我國古代最早的一部文學批評的書，目前通行的「文心雕龍」有黃叔琳注。「文心雕龍論文集」（文光出版社），王更生

「文心雕龍導讀」（華正書局）都可供參考。

水經注・洛陽伽藍記

在駢文盛行的南北朝，散文的作品不多。其中有兩部比較著名的散文代表，一是北魏酈道元的「水經注」，一是北齊楊衒之的「洛陽伽藍記」。「水經注」是一本地理學著作，爲漢代桑欽（一說是晉代郭樸）的「水經」一書做了詳細的注解。「洛陽伽藍記」主要的是描寫北魏王朝盛時洛陽佛寺建築的壯麗，同時借着佛寺的興廢，來表現他對魏王朝拓跋氏衰亡的悲悼。

酈道元（公元？—五二七）字善長，北魏范陽（今河北涿縣）人，曾爲東荊州刺史，關右大使等職。他自幼好學，歷覽群書，博聞強記。

他在爲「水經」作注時，旁徵博引，記載了水經中所記水道的情況，描繪了這些河流兩岸的歷史故事和風土人情，神話傳說等，尤其是寫景的文字，非常成功，大大地豐富了原著的內容。如「江水注」關於三峽的描寫：「自三峽七百里中，兩岸連山，略無闕（缺）處，重巖疊嶂，隱天蔽日，自非亭午（正午）夜分（夜半），不見曦（日光）月。至於夏水襄陵（夏季水漲，溢於丘陵之上），沿（順水而下）泝（逆流而上）阻絕。或王命急宣，有時朝發白帝（今四川奉節縣東），暮到江陵（今湖北江陵縣），其間千二百里，雖乘奔御風（乘馬駕風都不如船行快），不以疾也。春冬之時，則素（白色）湍（急流）綠潭（深水），迴清（迴映清光）倒影。絕巘（懸崖）多生怪柏。懸泉瀑布，飛漱其間，清榮峻茂，良多趣味。每至晴初霜旦，林寒澗肅，常有高猿長嘯，屬引（猿聲接連不斷）淒異，空谷傳響，哀轉久絕。故漁歌曰：「巴東三峽巫峽長，猿鳴三聲淚沾裳！」」這段摘自水經注卷三十四「江水注」，不僅描寫了三峽的險峻，還描寫了三峽雄偉的風光神話，令人有身臨其境之感。江水，即長江。

書中，也記載了一些小故事，如「河水注」中記載漢武帝掠取大宛馬的故事：「胡馬感北風之思，遂頓羈絕絆，驟首而馳，晨發京城，食至敦煌北塞外，鳴而去。」

短短幾句話，就把那匹良馬的形象描繪出來。他的一些特殊的寫景狀物手法，對後代的遊記文學如柳宗元等人，產生很大的影響。

楊衒之，北魏人，他的家世生卒不詳。據「洛陽伽藍記」書中自述和書首所署官銜，知道他於北魏永安中爲奉朝請，著書時爲撫軍府司馬。該書自序說他在武定五年（公元五四七）因行役重遊洛陽，見「城郭崩毀，宮室傾覆，寺觀灰燼，廟塔丘墟……京城表裏凡有一千餘寺，今日寮廓，鐘聲罕聞」有感而撰「洛陽伽藍記」。其文字雖不及水經注生動，但在描寫一些佛寺時，令人感到一種肅穆莊嚴的氣氛以及一些貴族荒淫，奢侈的生活。可以說反映了北魏的政治、經濟、文化、社會等風貌。如法雲寺一文，就是記敘了洛陽的繁榮情況和種種有趣的市井傳聞。

「水經注」共四十卷，「洛陽伽藍記」共五卷。都是北朝文學中不朽的散文名著，不能不知。

世說新語

世說新語，這本志人小說是南朝宋臨川王劉義慶（西元四〇三—四四四）所編撰。他是彭城（今江蘇徐州）人，宋武帝劉裕的姪子，襲封臨川王，官至中書令。他喜好文學，尊崇儒學，晚年好佛。在出鎭荊州的時候，曾招聚了許多文學之士，詩人鮑照也在其幕中。世說新語原名「世說」，唐時稱「世說新書」。

這部書主要記載東漢到東晉之間的遺聞軼事。其中大多屬於東晉。許多已散佚的古書，借此保存了一些佚文，補充了不少史料，甚爲後人重視。全書三卷按內容分德行、言語、政事、文學等三十六門。每門都是反映出當時士族的

生活方式和精神面貌。它能抓住描寫對象的特點，寥寥數語，就把各種人物的言行談笑描述出來。也有許多是他道聽途說，再加上小說技巧寫成的。書中有名的故事如「周處除三害」、「望梅止渴」、「難兄難弟」、「拾人牙慧」、「一往情深」、「七步成詩」等，都成爲後世小說戲曲題材或是常用的成語。每則多至三、四百字，少者十五、六字。世說新語，最大的藝術成就，在於語言精練，雋永傳神，文字樸實自然，對後代筆記文學影響甚大。

如「言語篇」描寫三國時代鍾毓、鍾會兩兄弟，以及「文學篇」描寫曹植「七步成詩」，在短短的篇幅中，通過記述人物的對話，生動地表現了人物的性格。

・德行篇：鍾毓、鍾會少有令譽。年十三，魏文帝聞之語其父鍾繇曰：「可令二子來！」於是勅見。毓面有汗。帝曰：「卿面何以有汗？」毓對曰：「戰戰惶惶，汗出如漿，」復問會：「卿何以不汗？」對曰：「戰戰慄慄，汗不敢出。」

・文學篇：文帝嘗令東阿王（曹植）七步中作詩，不成者行大法。應聲便爲詩曰：「煑豆持作羹，漉鼓以爲汁。萁在釜（鍋子）下燃，豆在釜中泣。本是同根生，相煎何太急！」帝深有慚色。

這兩段文字，簡潔生動。人物的描繪，栩栩如生，是南朝小品文中有趣味的代表作品。

尤其是後一段，魏文帝命令弟弟曹植在行走七步之內，完成一首詩。否則，就要以國法制裁。曹植只答應一聲「好」，立即予以做成了有名的七步詩，文帝聽了大感慚愧。

梁劉孝標，爲此書作注，引用右書四百多種更是豐富了這部書的價值。

魏晉南北朝志人小說中以這部書最爲有名。後來摹仿它的著作也不斷出現。如唐朝王方慶的「續世說新語」、宋代的王謙有「唐語林」，孔平仲的「續世說」，清代王晫的「今世說」等，但是都不及「世說新語」寫得成功。成爲歷代小品文的典範，同時對我國小說發展有很大影響。

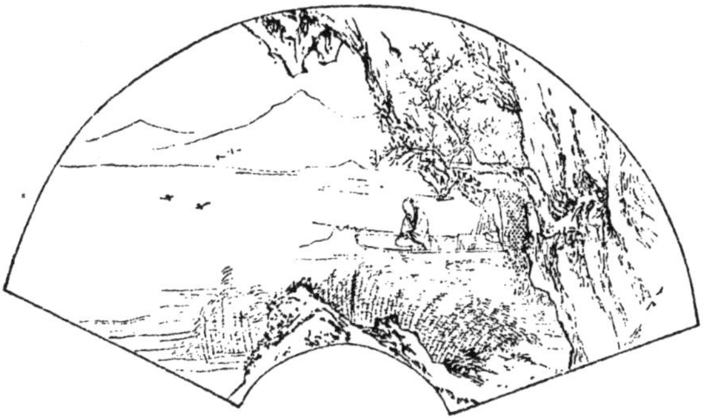

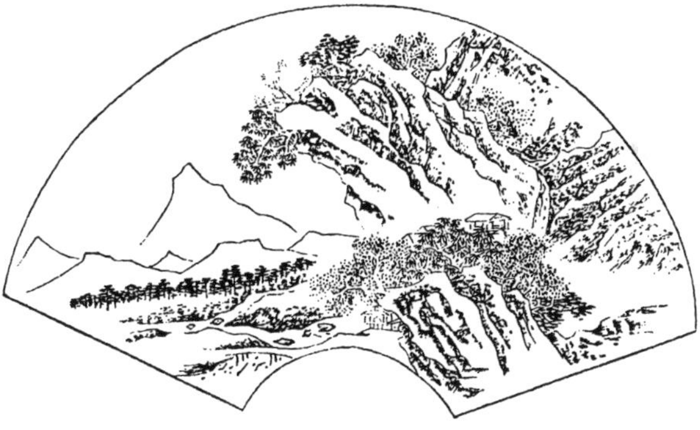

南北朝的樂府民歌

「樂府」，成立於漢武帝，就是采輯或整理民間詩歌的一個機構。繼漢代的樂府後，到了南北朝時代，又不斷產生了新的樂府民歌，而且數量超過了兩漢。當時貴族文人所寫的詩歌，也都受到民歌的影響，譬如謝眺的詩歌：

「佳期期未歸，望望不鳴機。徘徊東陌上，月出行人稀。」

是一首音節和諧自然的思婦之情，有着民歌的風格。

這時期的民歌，由於南北朝政治上的對立，加之地理環境、風俗習尙等因素不同，而產生了南北朝不同題材，不同風格的民歌。

西晉滅亡，王室南渡，偏安金陵，史稱南朝（宋、齊、梁、陳）由於江南的山明水秀，而產生許多活潑的艷麗的纏綿的情歌。而北朝（北魏、北齊、北周）爲胡人所統治，加之地理遼濶，所產生的是樸實的，豪邁的，英雄的詩歌。

南朝的民歌大部分保存在「樂府詩集」的「清商曲辭」中。分爲「吳歌」和「西曲」兩大類。「吳歌」以江南一帶爲主。「西曲」則以長江中游、湖北一帶爲主。由於商業的繁榮，所寫的詩歌，反映了物質的奢侈，以及纏綿婉轉的相思離別之情。江南多水，詩歌中也常出現與船與江水有關的字句。

現存的「吳歌（聲）」，有子夜歌，讀曲歌，華山畿等曲調。最有名的是子夜歌（起源於晉朝女子夜），後來有一百二十多種。如子夜四時歌，大子夜歌等，是吳歌中最流行的，主要內容描寫男女戀情。如：

『始欲識郎時，兩心望如一。理絲入殘機，何悟不成匹。』

（理絲：諸情思的思；悟：意識；匹：配也。）

『夜長不得眠，明月何灼灼。想聞散喚聲，虛應空中諾。』

（灼灼：明亮；喚聲：呼喚；諾：答應。）

『儂作北辰星，千年無轉移。歡行白日心，朝東暮還西。
淵冰厚三尺，素雪覆千里。我心如松柏，君情復何似？』

（儂：我；北辰星：永恒星；白日：太陽；朝東暮還西：指對方愛心易轉移；

松柏：喻堅貞不變；君情復何似：你的情意像什麼？）

從這些以五言四句形式寫的情詩，可看出當時女子對愛情的專一，充分表現出民歌的風格——語言生動，想像力豐富，而且善用雙關語。

「西曲」的曲調有三十多種如石城樂，莫愁樂，烏夜啼等，約一百四十多首。它所描寫的大都是男女離別之情。因爲湖北、湖南一帶，是貨物的集散地，商人來往頻繁，所以離別的時候特別多。如：

『布帆百餘幅，環環在江津，執手雙淚落，何時見歡還。』（石城樂）

（環環：圍繞；江津：碼頭；歡：所愛的人。）

『聞歡下揚州，相送楚山頭。探手抱腰看，江水斷不流。』（莫愁樂）

（揚州：在南京；楚山：泛指楚地。）

『送歡板橋彎，相待三山頭。遙見千幅帆，知是逐風流。』（三洲歌）

（三山：山名；風流：雙關語。）

除了吳曲與西曲，一些歌謠如「巴東三峽」，「三峽謠」都是有名的民間歌謠。

『巴東三峽巫峽長，猿鳴三聲淚沾裳。
巴東三峽猿鳴悲，猿鳴三聲淚沾衣。』（巴東三峽歌）

『朝發黃牛，暮宿黃牛。三朝三暮，黃牛如故。』（三峽謠）

（黃牛：黃牛灘，地名。）

『巴陵三江口，蘆荻齊如麻。執手與歡別，痛切當奈何。』（烏夜啼）

總之，南朝的樂府民歌，吳歌含蓄婉轉，西曲浪漫、活潑，都有它的藝術成就，對後代詩歌形式（尤其是五言絕句）的詩歌，影響很大。

北朝的民歌大部分保存在「樂府詩集」及「梁鼓角橫吹曲」中，承繼了詩經國風和漢樂府的傳統。

由於北方是蒼茫遼濶的廣大原野，所產生的詩歌，豪放爽朗、慷慨激昂，和南朝委婉含蓄的詩歌是迥然不同的。

北朝民歌的內容也比較豐富，包括了情歌、戰歌、牧歌和反映民生的社會詩歌。其中一些作品是由胡語寫的，後來譯成漢語。

「鼓角橫吹曲」屬於軍樂，本來是北方胡人所吹奏的樂曲。現保存的有六十餘首。例如：

『東山看西水，水流盤石間，公死姥更嫁，孤兒甚可憐。』（瑯琊王歌）

『隴頭流水，流濶山下。念吾一身，飄然曠野。』（隴頭歌辭）

（流濶：山水淋濶四下）

『高高山頭樹，風吹葉落去。一去數千里，何當還故處。』（紫騮歌）

『門前一株棗，歲歲不知老。阿婆不嫁女，那得兒孫抱。』（折楊柳枝歌）

『敕勒川，陰山下，天似穹廬，籠罩四野。
天蒼蒼，地茫茫，風吹草低見牛羊。』（敕勒歌）

以上舉的例子中，可以知道北朝民歌的風格。有的描寫社會動盪中，背井離鄉人的感嘆，有的描寫北方原野的蒼茫景象。尤其是敕勒歌，是膾炙人口的北方民歌反映游牧民族的生活和環境，音調雄渾語言簡鍊。這首詩本來是用胡語寫的，後來譯成漢語。

在「鼓角橫吹曲」中，還有一首長篇的述事詩，那就是「木蘭辭」，它和漢末的「孔雀東南飛」成爲民間長篇詩歌中的「雙璧」。

「木蘭辭」是敍述女英雄木蘭代父從軍的故事，作者不清楚。關於木蘭的姓氏，鄉里，事蹟，後世有不同的說法，不一定眞有其人，只是先有傳說，才演變爲民歌。

『唧唧復唧唧，木蘭當戶織。不聞機杼聲，唯聞女歎息。
問女何所思，問女何所憶。女亦無所思，女亦無所憶。
昨夜見軍帖，可汗大點兵。軍書十二卷，卷卷有耶名。
阿耶無大兒，木蘭無長兄。願爲市鞍馬，從此替耶征。
東市買駿馬，西市買鞍韉。南市買轡頭，北市買長鞭。
旦辭耶孃去，暮宿黃河邊。不聞耶孃喚女聲，但聞黃河流水聲濺濺。

且辭黃河去，暮宿燕山頭。不聞耶孃喚女聲，但聞燕山胡騎聲啾啾。
萬里赴戎機，關山度若飛。朔氣傳金柝，寒光照鐵衣。
將軍百戰死，壯士十年歸，歸來見天子，天子坐明堂。
策勳十二轉，賞賜百千強。可汗問所欲，木蘭不用尚書郎。
願借明駝千里足，送兒還故鄉。耶娘聞女來，出郭相扶將。
阿姊聞妹來，當戶理紅妝。小弟聞姊來，磨刀霍霍向猪羊。
開我東閣門，坐我西閣床，脫我戰時袍，著我舊時裳。
當窗理雲鬢，對鏡貼花黃。出門看火伴，火伴皆驚惶。
同行十二年，不知木蘭是女郎。雄兔腳撲朔，雌兔眼迷離。
兩兔傍地走，安能辨我是雄雌。』

這樣一首長達三百一十字的敍事詩，最顯著的民歌特色就是自然而又口語化，其中也連續運用了排比的手法，如「東市買駿馬」四句，運用了複疊的手法如「且辭耶娘去」八句，以及「耶娘聞女來」八句，節奏明快而不繁瑣。有些工整的對句如「朔氣傳金柝，寒光照鐵衣」之類，是因爲經過後人的潤飾。

「將軍百戰死，壯士十年歸」敍事簡潔而有力。

最後四句，則是以雙兔爲喻，來讚嘆木蘭的裝束、行爲都會令人難以辨別。兔的前後脚長短不齊，所以總是亂蹦亂跳。一個脚亂動，一個眼不定，跑在一起，當然是不能分辨誰雌誰雄。以這個比喻，作爲詩歌的結束，實在是令人讀後更是回味不已。

唐代的古文運動

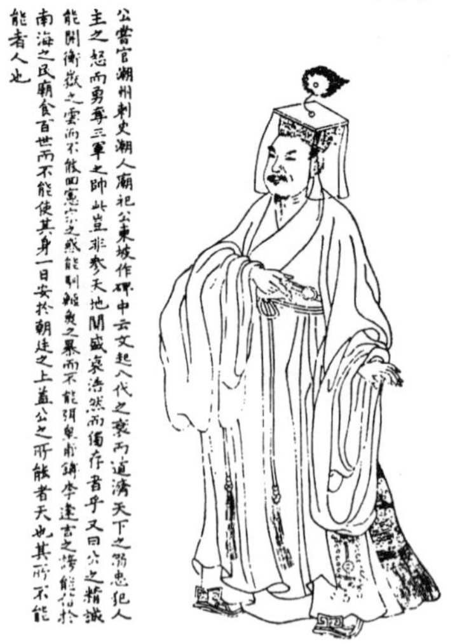
公嘗官潮州刺史潮人廟祀公東坡作碑中云文起八代之衰而道濟天下之溺忠犯人
主之怒而勇奪三軍之帥此豈非參天地關盛衰浩然而獨存者乎又曰公之精誠
能開衡嶽之雲而不能回憲宗之惑能馴鱷魚之暴而不能弭皇甫鎛李逢吉之謗能信於
南海之民廟食百世而不能使其身一日安於朝廷之上蓋公之所能者天也其所不能
者人也

自魏、晉南北朝駢體文興盛以來，無論詩文辭賦，都趨向於聲律，形式與辭藻的美化，形成了中國文學史上未曾有過的綺靡浮艷的六朝文風。一直到唐初，還是沿用這種文體，於是陳子昂、元結、蕭穎士、李華，獨孤及，柳冕等，都試着改革文體，提倡古文，但是究竟風氣久已成習，他們的改變却影響不大。直到中唐的韓愈出來登高一呼，使古文運動才蓬勃地發展起來，不僅打破了南北朝以來的駢儷的束縛，重新建立先秦諸子和兩漢史家的散文文體，同時要求文章，要宣揚儒家的道統。這個道統，就是堯舜禹湯文武周公相傳的大道，所謂「文起八代之衰，而道濟天下之溺」的大業由此展開。

韓愈，字退之，（公元七六八—八二四），河南南陽人，他幼時孤苦，刻苦自學，賴嫂鄭氏撫養成人。少年時，已精通六經諸子之書。二十五歲中進士，二十九歲才被宣武節度使董晉徵爲屬官，後來累官監察御史。元和十三年，因諫憲宗李純迎佛骨，得罪了皇帝，幾處死刑，經宰相裴度力救，改貶潮州刺史。他的最後官職是吏部侍郎，所以世稱韓吏部。長慶四年（公元八二四），卒於長安，謚曰「文」。

韓愈雖是古文運動的倡導者但無論如何，元結蕭穎士等人，已開了古文運動的先河，是從前人披荊斬棘中走出的一條路子。他主張文章要闡明孔孟之道，來反對當時只追求形式而無內容的駢文，對當時的文壇以及後世散文的發展，產生巨大的影響。

韓愈的散文，是建立在古代散文的基礎上，再予創新。他主張「文從字順」，「務去陳言」，「言必已出」。他的文章精煉有力，條理通暢，有名的散文如「師說」「原毀」，「原道」「柳子厚墓誌銘」「祭十二郎文」，「送孟東野序」等都是極佳的作品。著名的「師說」，作者通過「古之聖人」和「今之衆人」的差異，客觀地批評了當時不重師道的社會風氣。

「原毀」一篇則說明做人應該責己嚴，責人寬的道理。

關於韓愈在中國散文史上的地位，蘇軾的「潮州韓文公廟碑」中說得最好。稱許他的作品是「一言而爲天下法。」後代散文家也就以他的風格作典範。

古文運動，最有名的，除了韓愈、柳宗元外，還有蘇洵、蘇軾、蘇轍、王安石、曾鞏、歐陽修等，後人稱爲「唐宋八大家。」

山石

韓愈

山石犖确行徑微，黃昏到寺蝙蝠飛。
升堂坐階新雨足，芭蕉葉大梔子肥。
僧言古壁佛畫好，以火來照所見稀。
鋪床拂席置羹飯，疎糲亦足飽我飢。
夜深靜臥百蟲絕，清月出嶺光入扉。
天明獨去無道路，出入高下窮煙霏。
山紅澗碧紛爛漫，時見松櫪皆十圍。
當流赤足蹋澗石，水聲激激風吹衣。
人生如此自可樂，豈必局束爲人鞿？
嗟哉吾黨二三子，安得至老不更歸？

柳宗元的散文

柳宗元是唐代著名的文學家、政治家。他和韓愈同爲司馬遷以後的傑出散文家，是韓愈古文運動有力的支持者、宣傳者。所以，柳宗元去世之後，韓愈特地爲他撰「柳子厚墓誌銘」，詳細地敍述死者的姓氏、爵位和生平事蹟。

柳宗元（西元七七三—八一九）字子厚，河東（今山西永濟縣）人。二十一歲，進士及第，後官至監察御史。王叔文執政的時候，提拔他爲禮部員外郎，他協助王叔文改革時政。後因失敗，被貶爲永州司馬。在永州這段時期，一方面痛恨朝廷的腐敗，一方面悲傷自己的命運，寄情於山水之間，寫下了不少類似楚辭的文章，以及遊記、寓言等。四十三歲的時候，又遷爲柳州刺史，在他任內，解決了當地民間的許多疾苦。譬如柳州的百姓，常因生活無着，以子女爲（抵押）錢，過期不贖，子女便被人沒爲奴婢，弄得百姓家庭破散。柳宗元創立辦法把這些子女贖還，很得到人民的愛戴。四十七歲的時候，卒於柳州任所，所以後人稱他爲「柳柳州」。

柳宗元的散文大致可分爲三類，包括說理、寓言、遊記。其中尤其以「遊記」最爲有名。遊記中又以「永州八記」最爲出色。他在山水的描寫上，有細微的觀察和深切的體驗。他運用了最精煉的筆鋒，清麗的語言，捕捉了山水的眞實面貌，色澤鮮明，形象生動，就如同我們看到一樣。

『嘉木立，美竹露，奇石顯。由其中以望，則山之高、雲之浮、溪之流、鳥獸之遨遊，舉熙熙然迴巧獻技。』

——鈷鉧潭西小丘記

（舉熙熙然迴巧獻技：全部和悅地、迴環地、巧妙地貢獻出他們的技藝。）

『潭中魚可百許頭，皆空游無所依，日光下澈，影布石上，佁然不動，俶爾遠逝。往來翕忽似與遊者相樂。』

——至小丘西小石潭記

（可：約；皆空游無所依：全像在眞空中游動，絲毫無所依靠的一般；澈：通明；影布石上：魚影映在石上；佁然：癡呆呆地；俶爾遠逝：突然遠游不見了；忽：輕快。）

這兩段文字，不僅繪出小石潭的環境，以及潭水中的游魚活活潑潑的姿態，而且文句富有創造性。從他的遊記中，可以看出作者的高度藝術才華。重要的是在描寫景物外，也一吐胸中不平之氣。

在寓言的文章裏，最爲出名的，如捕蛇者說、種樹郭橐駝傳、黔之驢、梓人傳等。

「捕蛇者說」，是作者通過和永州捕蛇者蔣氏的談話，表達了當時賦稅的繁重和民不聊生的情況，諷刺時政。其中引用了孔子「苛政猛於虎」的話，寓意至深。

種樹郭橐駝傳，雖然標題爲「傳」，却不是「傳」，而是篇寓言。郭橐駝，是作者假設的一個人，假借這個人來發揮他的政治主張和諷刺當時的行政。其中有兩句話「能順木之天，以致其性焉爾」，表面是說種樹的祕訣，實際上，可以運用到在上位的人治民，就是要如同種樹一樣，要順民之性，使他們安居樂業，方可天下太平。

梓人傳，這篇立意很好，表面寫一個手不能操斧頭刀鋸，而能建築大廈的工頭，骨子裏却說明作爲宰相的，應該具指揮若定的才能，不是把所有大小事全由一人包辦。梓音ㄗˇ，梓人是製作木器的人，也就是木匠的稱謂。在這篇文內，是指建築的工頭，作者借着這些市民，來發揮他的政治主張。

「黔之驢」是諷刺了毫無才能而又作威作福的人，是三戒中的一篇。其他兩篇是「臨江之麋」、「永某氏之鼠」，作者借着麋、驢、鼠三個動物，比擬當時社會上三種類型的人，最後他們招來殺身之禍。他的寓言大都是寫動物故事，短小警策，含意深遠。如：

『他日，驢一鳴，虎大駭遠遁以爲且噬（牠要來吃自己）也，甚恐，然往來視之，覺無異能者（沒有特別的才能）……。稍近益狎，蕩猗衝冒（漸漸靠近牠，戲弄牠，衝上前去。）驢不勝怒，蹄（用蹄踢）之（老虎）。虎因喜，計之曰：「技止此耳」（牠的本領不過如此罷了。）因跳踉大啖（吃），斷其喉，盡其肉，乃去。（吃盡了驢的肉，便走了。）』

除了散文外，柳宗元的詩也是有名的。和散文一樣地流暢清新。如：

『千山鳥飛絕，萬徑人蹤滅；孤舟簑笠翁，獨釣寒江雪。』（江雪）

『漁翁夜傍西岩宿，曉汲清湘燃楚竹。烟消日出不見人。欸乃一聲山水綠。迴看天際下中流，岩上無心雲相逐。」（漁翁）

表面上和陶淵明、王維的風格相似，骨子裏有在貶謫以後的孤高不羣的思想。也就是說，柳宗元的作品和他在政治上的遭遇，有密切的關係。

柳宗元的作品由唐代劉禹錫保存下來，後人編成集子，叫做「柳河東集」。

唐詩興盛的原因

每一個時代，都有其代表的文學。唐代的文學就是詩。詩歌的發展，到了唐代，可以說到了登峯造極的地步。清康熙時所編纂的「全唐詩」，共九百卷，所收作者有二千二百多人。錄詩四萬八千九百多首，數量之大，著實驚人。由此可知，詩歌在唐朝，成爲最普通的文學。上自帝王貴族文士，下至和尚道士尼姑歌妓等，似乎都有作品。

唐詩所以蓬勃的發展，不外有以下五點原因：

▨・前代的影響：唐朝承襲了兩漢，魏晉六朝的詩歌創作，無論在形式、音律、詞藻各方面，不但沿襲舊制而變其風格，從此使中國詩歌從僵化的，散漫的狀態中，走向自然的，規律的模式。

▨・君主的提倡：文風和君主有莫大的關係，唐代的君主，如太宗、玄宗等，都非常喜好詩歌，這對於在下的臣民，以及年輕的作家，受到很大的鼓勵。做詩的風氣，到了玄宗更是興盛，他自己是詩人，又是樂師兼優伶。在新舊唐書的音樂志、禮樂志內，有不少他與臣妃倡和的記載。孟子說：「上有所好，下必有甚焉者矣。」這也正是唐詩興盛的原因。

▨・功名的引誘：唐代以詩賦取士，一般士人都受朝廷功名利祿的引誘，無論士人或是平民，都在致力於詩歌的創作，而爭價一字之工，推敲一音之奇，以求一登龍門，尤其是出自民間的作家。如高適、王昌齡、李白、杜甫、韓愈、柳宗元、元稹、白居易等，都是通過考試而登上政治舞台，使中下層知識份子，予以抬頭。

▨・內容的擴大與創新：唐代由於民生富裕，社會安定，給人民奠定了從事創作的良好環境。內容方面，除了抒情、寫景、敘事、說理之外，還擴大到邊塞戰爭、農村商賈，以及社會、人民等問題，同時注入了詩歌的創作，突破了六朝士族的文學束縛，深刻廣泛地反映了人們的生活與感情，提升了詩的境界，豐富了詩的內容。

▨・新思潮的影響：唐代爲儒道佛三教並茂的時代，加之祆教、摩尼教、景教、回教的流佈，形成了思想界的活躍與自由。加之印度文化，繼漢魏六朝之後，更進一步的接觸與交流，在中國文學的思想內容和形式上發生了很大的作用。

總言之，詩歌發展到唐代，由茁壯而成熟，在中國文學史中佔有極重要的地位。

霜落荊門江樹空布帆無恙掛秋風
此行不為鱸魚鱠自愛名山入剡中
秋下荊門
李白

楓橋夜泊
張繼
月落烏啼
霜滿天
江楓漁火對
愁眠
姑蘇城外
寒山寺
夜半鐘
聲到
客船

初唐四傑

詩歌到了唐朝，無論內容和風格，都已到了登峯造極的地步。就其發展的過程來看，可分爲四個時期；那就是初唐（西元六一九—七一二）、盛唐（西元七一三—七六六）、中唐（西元七六七—八三五）、晚唐（西元八三六—九〇六）。

初唐時期，最主要的代表作家有王勃、楊烱、盧照鄰和駱賓王。他們就是我國文學史上有名的初唐「四傑」。他們的作品一方面承襲了齊梁的唯詩風，一方面又創造了一種形式嚴整的格律詩。以前有五言而沒有律體；有古詩而又極少七言。因此，他們創始了五言律詩和發展了七言古詩，在近體詩的創作上，有着很大的貢獻。

王勃（西元六四九—六七六），字子安，龍門（今山西河津）人，是隋末著名學者王通的孫子。也是唐初極有才華的詩人，可惜在渡南海時，溺水驚悸而死，年僅廿九，是個壽命最短的詩人了。他的詩，最有名的是「送杜少府之任蜀州」五律：

『城闕輔三秦，風烟望五津。與君離別意，同是宦遊人；

海內存知己，天涯若比鄰。無爲在歧路，兒女共沾巾。』

他的文章以字句秀麗知名，如著名的「滕王閣房」，是一篇膾炙人口的作品：本文描繪了滕王閣周圍的景色，敍述了盛會的熱鬧情況，也發抒了當時文人懷才不遇的感概。這篇序不像一般駢體文只是辭藻典故的堆砌，而是生動流暢地表達了作者眞實的感情。寫景方面也有其獨到之處，如「落霞與孤鶩齊飛，秋水共長天一色」就是脫胎於庾信馬射賦中的「落花與芝蓋同飛，楊柳共春旗一色」。他的作品大都散失，今有「王子安集」傳世。

楊烱（西元六五〇—六九三）陝西華陰人，曾做過盈川縣的縣令，爲政殘酷。他和王勃都擅長五言律詩。作品多半以邊塞和戰爭生活爲題材，如從軍行：「寧爲百夫長，勝作一書生」，紫騮馬：「匈奴今未滅，劃地取封侯。」都是充滿了慷慨激昂之氣勢，他作文章愛用古人名字，如「張平子之略讀，陸士衡之所記，潘安仁宜其陋矣，仲長統何足知之。」著有文集三十卷，今傳「盈川集」十卷於世。所以有人稱爲「點鬼簿」。

盧照鄰（西元六三五－六八九）字昇之，自號幽憂子，范陽人（今北平），有「幽憂子集」，他一生在貧病中度過，最後投潁水自殺死亡。他的作品中常流露着幽怨的情緒，如：

・長安古意：

『寂寂寥寥楊子居，年年歲歲一床書。獨有南山桂花發，飛來飛去襲人裾。』

・行路難：

『一朝憔悴無人問，萬古摧殘君詎知！人生貴賤無終始，倏忽須臾難久恃。

誰家能駐西山日，誰家能堰東流水？漢家陵樹滿秦川，行來行去盡哀憐……』

都是有名的七言歌行，明代張燮形容盧照鄰說：「古今文人奇窮，未有盧昇之之甚者。」

駱賓王（西元六四〇－西元？）婺州義烏人（今浙江人）。他的作品很接近盧照鄰，都是以長篇歌行見長。如帝京篇和長安古意，都是一種自由的詩歌形式。不過駱賓王的詩有着豪邁之氣，如：

・易水送人：『此地別燕丹，壯士髮衝冠。昔時人已沒，今日水猶寒。』

寥寥二十個字，表現了他懷古傷時的感嘆。他爲徐敬業傳檄，連武后都驚爲人才，作文喜以數對，如「秦地重關一百二，漢家離宮三十六。」時號「算博士」。

四傑在詩歌史上的地位是不可抹殺的，他們擺脫了六朝形式主義詩風的束縛，而使詩歌走向新的創作方向。

中國戲曲的教化作用

戲劇大師齊如山說：「戲劇這種事業，因爲大衆愛著、歡迎，所以對於人民的知識思想關係極大，各國皆是；無論多開化，多野蠻的民族都是如此，於是各國腦思靈敏的教育家，都要利用它作爲社會教育的一種工具。」

俞大綱先生也說過：「國劇內容大都取材於歷史故事及民間傳說，這類戲以表現古人生活精神爲主，充分反映中華民族的集體感情和倫理道德意識，著重於歌頌具有高貴情操、行爲典範的歷史、傳說人物及其事蹟。如代表忠義的武將關羽，孝婦趙五娘—這種戲劇型表演性的社教功能，實不下於文字的、說教式的儒家經籍。」由此可知傳統社會中，戲曲所發揮的教育力量。

尤其中國戲曲故事，是以人民生活作爲背景的，以倫理道德作爲基礎的，結局總是「善有善報，惡有惡報。」鄉下老百姓，就是沒有讀書，也知道「奸臣不死不散場」的道理。

中國傳統的戲曲，自元代成熟時期算起，迄今已有六百年歷史，可以說遺產相當豐富，在民間廣大的流傳著。那些表彰忠孝義節、倫理道德的歷史故事，在予人以藝術欣賞之餘，無形中，還產生一種潛移默化、移風易俗的教育作用。

【元代的戲曲】——

就以元代的雜劇而言，多半題材，取自於歷史故事、傳統小說等；尤其是歷史故事，作者往往藉著歷史上的人物事蹟，來暴露當時社會的不平，有著藉昔諷今的作用。

譬如馬致遠的漢宮秋，白樸的梧桐雨，都是藉著歷史的教訓，把漢人身受蒙古人的壓迫，盡情予以發抒。漢宮秋，表面上是寫王昭君和番的故事，實際是暗喻宋，金淪亡的原因；戲裏「全不見守玉關征西將」「枉養著那邊庭上鐵衣郎」一類的話，正是對那些貪生怕死，以和親政策，來換取社稷安寧的文武百官們，以及尊位天子的漢元帝束手無策，眼巴巴看著心愛女子送到番人手中，都極具濃厚諷刺意味，而對畫家毛延壽那種「做事欺大壓小，全憑諂佞奸食」的小人，最後落得斬首的下場。

作者藉著這個故事，影射了漢人身處蒙古人淩辱之痛苦；白樸的梧桐雨，也是藉著唐明皇與楊貴妃的愛情故事，來表達國家之恨，藉以發抒元人的情感與社會。

元代政治社會極爲黑暗，因而產生了許多平反冤獄的公案劇。公案劇中所表現的正是現實與幻想的交織、貪官汚吏的橫暴、司法制度的昏暗，同時充滿著尋求正義的精神，如「感天動地竇娥冤」中竇娥那種不爲暴力屈服，伸張正義的精神及堅強個性，就是一個例子。

竇娥冤這齣戲是敍述財主蔡婆婆與年輕寡媳婦竇娥相依爲生的故事。某日蔡婆婆到盧醫生家去討債，盧付不出，引她到郊外，想用繩子勒死她，剛要動手時，恰巧來了兩個惡漢—張家父子倆，救了她的性命，但張家父子便因此威脅她，老張要娶蔡婆婆爲妻，小張要娶竇娥爲妻，而且賴在蔡婆婆家裏，等著成親。竇娥是一個堅貞守節的女子，無論如何不答應而且勸說婆婆不再嫁，小張知道她從中作梗，便在羊肚湯裏放下毒藥，想把蔡婆婆毒死，歸罪於竇娥，藉此吞沒她家的財產。不料蔡婆婆嘔心不想吃，由張老頭喝下，沒想到這羊湯反而毒死了張老頭，結果是竇娥被送到官廳判了毒害人命的死刑，她臨死時，一面哭著向婆婆告別，一面又對著天發下三個誓願：一是我竇娥要是冤枉，死後刀過頭落，一腔熱血半滴不流在地上，而飛上掛在槍桿上的丈二白練上。二是如今正是三伏天氣，我竇娥要是冤枉，死後將降三尺瑞雪，遮掩我的屍首。三是我竇娥屈死，今後，這楚州地方亢旱三年。

後來她這三個願都應驗了。

最後一節由竇娥把夢給多年不見，現在做了大官的父親，替她昭雪，爲了加強效果，特別穿插一些神鬼的情節，充滿了浪漫色彩，最後竇天章把這件案子，重新審判，張驢兒處死刑，蔡婆婆由竇天章撫養，竇娥除罪，並建立一節孝牌坊，紀念她的貞節。

另外一齣反映歷史的戲曲，就是紀君祥的「寃報寃趙氏孤兒」，此劇敍述晉靈公時，屠岸賈專權，殺害趙盾家三百口，只剩下趙朔的遺腹子一人，屠亦欲殺之，以絕其嗣。後爲程嬰公孫杵臼設計救出，卒復大仇。此故事詳載於新序說苑之節士篇及復恩篇中，爲讀者所熟知，情節本極感人，經紀君祥戲劇化後，成爲雜劇中最感人的歷史劇。

作者藉著漢厥，程嬰，杵臼的口，極力暴露了奸臣權貴的禍國殃民，及其兇殘橫暴的行爲，同時又強調了那兩位義士的犧牲精神與壯烈的人品。儒家所謂「忠臣孝子」的人生觀念，在這個劇本中，充分表現出。這個劇本已譯成德文、法文，很是受到西方人的重視。

康進之的「李逵負荊」，故事內容和百回本水滸傳等七十三回下半章相同，敍述黑旋風李逵下山喝酒，酒店主人王林告訴他，女兒滿堂嬌被宋江、魯智深拐去了。李逵一聽之下，怒氣冲天，跑到山上來，大鬧忠義堂，痛斥宋江、魯智深下流無恥，後來一同下山問清楚之後，才知道拐走滿堂嬌的不是宋江、魯智深，而是另外兩個冒名的強盜；李逵自知錯誤，負荊向宋江請罪，把兩個強盜也捉起來了。這齣戲劇中，對李逵那種善良、忠孝、坦直、粗曠的特質，刻劃得很生動，給人印象深刻。宋江是個領導人物，李逵初聽到他拐了女人，損害了他們弟兄的名譽，大爲光火，毫無顧忌地跑去指責宋江，等到事情弄得水落石出了，知道是自己的錯誤，便又毫不猶豫地負荊向宋江請罪，這種勇於認錯的態度，是值得令人效法的。至於宋江這個人，是個有修養，從容不迫，又有得饒人處且饒人的寬容風度，正是領導者所有，而儒家的「忠恕」之道由此看出。

元代雜劇，除了以舞台效果，以及曲辭爲主外，重要的是具有社會性的思想內容，王國維宋元戲曲史：「……清眞之氣，與率直樸拙之情，時相激發；美好的幻想總是與痛苦的人生偕行。這種奇異的揉合，似乎矛盾的統一，使元雜劇呈放出一股鬱勃樸健的生氣，這股奇氣，貫通了時代、社會、生命與文學而融於戲劇的熔爐，使之雜劇成爲一代的絕作，被譽爲中國最自然之文學。」

由於時代的變動的特殊原因，元雜劇自然蘊現著特別鮮明而濃厚的時代性與社會精神，其中有強調某種高義貞烈之志趣，以及叱奸罵讒的，可以說是元代社會的心聲反映。

【明代的戲曲】——

到了明朝，戲劇更是扮演重要角色，對後代的戲劇發展，產生莫大的影響力。家喻戶曉的浣紗記，以西施、范蠡為主角，實乃越吳興亡的故事，劇中大大歌頌了越王的艱苦復國，和西施、范蠡不惜犧牲，完成大我的偉大精神，同時也批判了吳王的腐敗荒淫，極具教育作用。

王世貞的「鳴鳳記」也是家喻戶曉，有著教化作用的一齣戲，戲中暴露了奸臣惡吏的罪惡，表揚了正人君子的義烈行為。作者以嚴嵩父子的專權作惡為主幹，再揭發嚴嵩手下那些孤群狗黨，淫威作福的醜陋面目，而相對的是楊繼盛的壯烈死節以及許多正直書生感人義行。

元明之際的「白兔記」也是廣為流傳的戲曲，戲中的故事敍述劉知達因家境窮困而從軍，後因功立業，他的妻子李三娘在娘家却操之度回，在磨房產子，後來歷經挫折，而和丈夫團圓。這齣戲主要是把李三娘那種善良，吃苦耐勞的精神，寫得很逼眞，充分表現了古代女子的美德。

俞大綱先生的國劇大成序裡說：「在我國，明太祖呀，藩王之國照例要賜劇本，這就是所謂明內府本，明成祖敕修永樂大典，收有雜劇及南戲多種，足見雍和盛世，戲劇往往列為泱泱文化的一部門。」

【清代的戲曲】——

清末以後，平劇的崛起，取代了崑曲的地位，流行全國各地，經過百餘年來千錘百煉的創造與發展，它的表演藝術已超過了一切劇種的特色。由於它歌詞唱腔的悅耳動聽，音樂舞蹈的優美怡人，加之特別設計的戲服與臉譜，的確引人入勝，吸引了廣大的群衆。

在國劇中，無論好人或壞人，開門見山地，便讓人很快分辨，譬如紅臉，多代表赤膽忠心，如關羽；黑臉代表魯莽粗曠，如張飛；白臉代表奸詐，如曹操；歪臉代表邪惡不正。總之，戲曲是人生的寫照，時代的反映，它的最大作用是在於不用口號，不用說教，而使人心悅誠服，它不僅娛樂觀衆，而更是引導人走向正途。我國平劇深受小說影響，據統計，在平劇兩百多劇目中，其表揚英雄志士，明君賢相的故事，大都出於三國、東周列國、水滸、楊家將、七俠五義、施公案等通俗小說，他們表揚的是忠孝節義，反對的是昏君奸臣，因此，表面上在娛樂觀衆，實際上，達到了「風教爲先，劇以載道」的目的。

譬如七俠五義小說，主要寫宋眞宗時，劉妃自己不孕，乃以狸猫換李妃所生的太子，并誣告李妃產妖，眞宗大怒，將李妃貶入冷宮，劉妃繼又火燒冷宮，幸李妃逃走，太子則由八賢王扶養，後接位爲仁宗。包拯到陳州放糧時，李妃告狀，包拯終於斷案，仁宗認母。時有南俠展昭，北俠歐陽春，雙俠丁兆蘭、丁兆蕙以及人稱五鼠的占方，韓彭，徐慶，蔣平，白玉堂等相繼助包拯剷除奸臣、貪官、惡霸等俠義故事，極具教育意義。

平劇中的故事，大都取材於我國的歷史；所表演者，都是歷史上可歌可泣的忠烈事蹟，感天動地的孝義行爲以及高風亮節的古聖先賢。演員對劇情的體會與其心神做作的表演，都是以道德行爲爲原則的，可以使觀衆身入戲中，而深刻地影響了他的思想與行爲，直接改善人民生活。

清朝的學者焦里堂在他的花部農談一書前記中說：「花部原本於元劇，其事多忠孝節義，足以動人，其詞質直，雖婦孺亦能解，其音慷慨，血氣爲之動盪。」

①・講忠，長篇大論，不如看「岳母刺字」（刺字）。此劇取材於「如是觀」傳奇，寫宋元師宋澤拒金兵于河上，金兵不取南犯，後宋澤病危，將印信交付岳飛代管，並三呼「渡河」嘔血而死。社充奉旨大帥，一反宋澤所爲，岳飛憤而歸家，岳母責以大義，促其回營抗敵，并在岳飛背上刺「精忠報國」四個字，以堅其心。

②・講孝，長篇大論，不如看「趙五娘吃糠」，此劇根據「琵琶記」改編。「琵琶記」這齣戲的故事，是中國古典戲曲中最膾炙人口的一部作品，全劇

共四十二齣，係爲元末高明則誠所撰。

故事內容，由第一齣的沁園春中已敍其本事，描寫蔡伯喈與趙五娘新婚不久，伯喈即奉父命上京赴試。伯喈離家赴京前，拜託鄰居張大公照顧家眷，後來伯喈得中了狀元，牛太師見蔡伯喈年少有爲，即將女兒許配給伯喈，伯喈辭婚不成，被牛太師家招贅爲婿。

趙五娘在家，侍奉公婆無微不至，但是連年旱災，加之公婆生病，五娘侍奉湯藥，自己吃糠度日，備受煎熬，後來，公婆又不幸雙雙去世，五娘不得已剪髮出賣，才將公婆安葬。

伯喈與牛小姐結婚之後，生活雖然不錯，却因思念雙親及原配趙五娘而終日抑鬱，經牛小姐多次盤問，方知實情。

之後，趙五娘揹了公婆畫像，沿途行乞，赴京尋夫，經過了許多波折，終於來到牛府，與伯喈重逢於書館中。

最後在牛小姐的同意下，伯喈和五娘破鏡重圓，一同還鄉掃墓。

作者在這齣戲中，重新處理了蔡伯喈的藝術形象，把一個原是棄親背婦的反面人物改寫成了一個「全忠全孝」的正面人物。

這齣戲中，特別塑造了趙五娘的婦女美德。她以一個窮媳婦的身份，挑著全家生活的重擔，自己刻苦耐勞，不怨天尤人，無論對於公婆，對於丈夫，甚至對於其他的人，她都儘己之力幫助他們。其中鄰居張太公，也是一位心地善良，有同情心，又有正義感的人，凡是看過這齣戲的人，無不受到感動的。

「琵琶記」作者高明主張戲劇要合乎教化作用，不僅使人快樂，還要使人受教育。他重視倫理思想內容，重視社會問題的表現；他主張文學作品必須重視思想內容，必須具有教育意義。

中國人講道德，主要是在盡我一己之心，完成我一己之德，所謂「家破可以出孝子，國亡可以出忠臣」；家可破，國可亡，而忠孝大德一樣可以存在，既有忠孝大德，則家破可以復興，國亡可以復存。人倫以孝爲先，在中國的戲曲中，自然而然就出現了許多以「忠孝」爲題材的故事，因此，中國「倫理」的精神，在戲曲中，表現得十分生動而深刻，除「琵琶記」外，其他如「四郎探母」、「木蘭從軍」，都是教育民衆最高明的方法。

「四郎探母」是寫宋遼交戰，宋將楊延輝（四郎）被擒降遼，改名木易，遼主蕭太后招其爲駙馬，和鐵鏡公主成婚。十五年後，宋遼戰爭再起，延輝弟延昭爲宋帥，楊母佘太后解糧至雁門關，延輝思念母親心切，向鐵鏡公主說明原委，公主感動，幷盜得蕭后令箭，始出關至宋營探母；延輝因與鐵鏡有一夜即返的約定，故不顧母妻弟妹等之勸留，堅持己意，返回遼邦，事爲蕭后所悉，欲將延輝斬首，經公主哀求得免。

「木蘭從軍」是南北朝時，延安人花弧多病子幼，時邊境戰事起，朝廷徵兵，其女木蘭喬裝兒子，代父從軍征，在軍中屢建奇功，征戰十二年，勝利歸家後，元帥賀廷玉奉旨到木蘭家封賞，始知木蘭爲一女子。

以上都是最生動的忠孝故事，使觀衆深爲戲中的思想和行動而感動，甚至自身也融入戲中，讓觀衆自然而然知道什麼是孝，「孝」是要由自己來負責的，這種孝心是出自天生的。講節講義長篇大論，不如去看「文天祥傳」或「蘇武牧羊」。

文天祥是宋末忠臣（西元一二三六～一二八二年），吉水人，官至左丞相，封信國公。德祐初，元兵入侵，天祥應詔勤王，奉使入元軍議和，被執脫歸，輾轉浙、閩、奥各地，繼抗之師，最後戰敗被執，拘燕三年，宋既亡，終不屈爲利誘被殺，臨上刑前，作「正氣歌」以見其志，元世祖稱奇男子，有文山集行世。

蘇武是西漢人（西元前一〇三～一六〇），字子卿，武帝時出使匈奴，單于脅降，不屈，仍仗漢節，被留北海十九年。漢昭帝時，匈奴與漢和親，始得還。

清劉獻廷先生說：「戲劇乃聖賢事業」，正可證明國劇的表演乃是以娛樂的方式，實施國民的道德教育。

【戲曲中的儒家思想】——

中國戲曲，大都以國民生活爲背景，所表演者，皆以儒家孔孟思想爲主，以及想像中所存在的世界。中國人的人生是追求完美的人生，戲曲，是項藝術，中國的戲曲，就是中國人的一生，都是以傳統文化爲主題，包含了忠孝節義的眞諦，禮義廉恥的準繩。

不可否認的，也有些劇本，受到道家與佛家思想的影響；但在故事的發展與人物的刻劃上，仍是建立在善良人性之闡發與倫理道德之實踐，即使是仙佛、神祇、鬼怪、精靈，也是脫離不了忠孝、仁愛、信義、和平傳統的德目中，以作爲尋求是非善惡的標準。所謂「善有善報、惡有惡報」，很多難以講解明白的道德意義和行爲，在戲劇的表演中，都能令人一目了然，深植人心。

以「目蓮救母」這齣劇爲例，它是根據明李之珍傳奇「目蓮救母勸善戲文」所改編。故事從目蓮父親病故，因劉氏怒而焚毀佛經起，至目蓮救母出地獄止，大力渲染劉氏死後所經歷的各種因果報應，以及所遭遇的種種災難，同時另一方面又描繪了目蓮爲了救母，不避艱險，親往西天求佛，之後又遍遊地獄，尋母等感人情節；所謂「精誠所至，金石爲開」，目蓮的孝心，終於感動天，可見中國人所講的道德，是一種行爲的實踐，而非空談。

提到佛道思想，在此順便介紹唐代傳奇對於後代戲曲的影響，如沈既濟的「枕中記」傳奇到元馬致遠的「黃粱夢」、李公佐的「南柯太守傳」，以至於明湯顯祖的「南柯記」，都是借著佛道思想諷刺熱中名利的人。

「枕中記」係敍述一落魄少年於邯鄲道中的旅舍中，遇一道士呂翁，自歎其貧窮困苦，呂翁乃送少年一枕頭，少年不久遂入夢，夢中先娶妻崔氏，貌美而賢慧，後又舉進士，做大官，幷破了戎虜，位至宰相，封公賜爵，子孫滿堂，其婚親皆天下望族，後年老，屢辭官不許，最後病死；夢到此，少年伸腰而醒，見自身仍留在旅舍，主人所蒸的黍，尚未熟也。

「南柯太守」是敍述淳于棼某日因酒醉，兩友人扶臥於東廡下，淳于棼就枕，不久入夢境，夢中登車入一古槐樹下的一大穴中，眼前立刻出現山川城廓，名之大槐安國也。當他抵達此國時，國王以厚禮款待他，同時將其公主嫁給他，後來做了南柯太守，二十年來人民都擁戴他，歌頌他，幷立碑建祠紀念他，太守先後生五男二女，家庭生活非常幸福美滿，很快飛黃騰達，烜赫一時，後因和外族交戰失敗，公主又死，因而失勢，至是國王忌其變心，乃送之歸國。等他醒來時，見兩友人還在榻畔洗腳，喝過酒的杯子，仍在桌上，太陽正下山，而夢中的情形如隔一世，後來令人去掘槐樹下大穴，發現螞蟻無數，其中泥土的形狀，和夢中所見到的山川城廓沒有兩樣，才知道夢中所到的地方，原來是螞蟻穴，淳于棼因而覺悟人生無常，富貴虛幻，遂入道門。

作者用虛幻的象徵來描寫富貴功名的無常，給當時那些沈迷於利祿的人們，無形中是一大諷刺，故事雖是虛幻的，然在心理和生活的發展上，却有著現實的意義。

清朝洪昇的「長生殿」是根據唐陳鴻的「長恨歌傳」改編，表面上敍述貴妃入宮受寵，安祿山造反，貴妃死於馬嵬坡，以至道士求魂爲止，其中雖雜有神仙方士之說，但是借著戲曲，把當時的歷史教訓，使後人做皇帝者，有所警惕。

至於「三俠五義」、「施公案」、「彭公案」中的俠客，則大都描寫他們爲民除害，爲朝廷出力的一些事蹟。所謂「善人必獲福報，惡人總有禍臨，邪者必遭凶殃，正者終逢吉庇，報應分明，昭彰不爽」，正是中國傳統戲曲共同的思想。

孔尚任的「桃花扇」是具有愛國思想內容和感人的藝術力量，作者透過名士侯方域和名妓李香君戀愛的主要線索，眞實反映出亡國的悲痛和民間的眞實感情。在這個劇本中，作者刻劃了許多卑鄙無恥、禍國殃民的人物，他們不知發奮圖存，強敵壓境，國勢危急，君臣上下還在醉生夢死，過著荒淫無道的日子，同時還監禁愛國人士，迫害善良無辜百姓；另方面也刻劃了許多有血有肉、可歌可泣的感人事蹟，如史可法孤軍苦戰，結果是投江殉國，這種不成功便成仁的偉大愛國的精神，值得令人效法。

至於李香君的形象，也是令人同情的。她是一個富有正義感的妓女藝人；她姿容絕世，多才多藝，以一個低微的妓女身份，抱著高遠的理想；更重要的是，她有智慧，關懷國家大事；她忠於理想、忠於愛情，不爲惡勢力所屈，最後獻出了她的鮮血，在扇子上染成了永遠鮮豔的桃花，結局是悲壯感人的。

▲‧【結論】——

中國的戲劇，從元明清的雜劇、傳奇，以至各地方戲曲，究其內容，無論其表演是莊雅嚴正，或是玩笑諷評、風流放肆，然其結局仍是歸於孔孟之言、聖賢之道，所有戲劇作者，無不以正人心、勵風俗爲宗旨，只是表演的方式不同而已。

總之，戲劇的目的，在引起觀衆的情緒反映和變化。

無可否認的，在傳統的社會中，「戲曲」一直肩負了莫大的社教功能，尤其在題材內容的宣傳效果上，可以說駕乎於其他的藝術之上。一部偉大的戲曲，不但對人生、對社會有建社性的效用，而且可以美化並提昇我們生活的境界。

至於韓國的戲劇，也是和我國戲劇有著相類似的教化作用的，譬如以我國明朝爲背景的「玉樓夢」，就是以儒家思想爲主，其中包括了「父子」、「君臣」、「夫婦」、「兄弟」、「朋友」等五倫的關係，以及「學而優則仕」的功名思想，以及王道治國的政治思想，也有一些反映「因果報應」的佛家思想，雖是出於纏綿婉轉之筆，但仍以仁義道德爲人性的基本。

韓中兩國，不但是最近的鄰國，而且在文物制度、風俗習慣上，更有源流相同的傳統，中國人講人倫關係，韓國亦是，這在戲劇的主題上，應有共同的意識，在這方面，今後尚待加強研究。

【參考書目】———

①．宋元劇曲史：清王國維
②．花部農談：清焦循
③．國劇大成：張伯謹
④．國劇與臉譜：張伯謹
⑤．國劇藝術之特質：張光濤